U0857239

爱情心理学拿来就用

面白くてよくわかる!恋愛心理学

[日]齐藤勇◎著　霍光◎译

凤凰出版传媒集团
江苏文艺出版社

图书在版编目(CIP)数据

爱情心理学,拿来就用/(日)齐藤勇著;霍光译.
—南京:江苏文艺出版社,2011.2
ISBN 978-7-5399-4252-0

I. ①爱… Ⅱ. ①齐…②霍… Ⅲ. ①恋爱心理学-通俗读物 Ⅳ. ① C913.1-49
中国版本图书馆 CIP 数据核字 (2011) 第 014630 号

著作权合同登记号:图字 10-2011-55 号
上架建议:心理学·时尚读物

"拿来就用"轻悦读书系
爱情心理学,拿来就用

著　　者:【日】齐藤勇
译　　者:霍　光
责任编辑:刘　霁
特约编辑:李彩萍
装帧设计:张丽娜
出版发行:凤凰出版传媒集团
　　　　　江苏文艺出版社 http://www.jswenyi.com
集团网址:凤凰出版传媒网 http://www.ppm.cn
印刷:北京京都六环印刷厂
经销:新华书店
开本:880×1230 1/32
字数:120 千字
印张:6.5
版次:2011 年 3 月第 1 版
印次:2011 年 3 月第 1 次印刷
ISBN:978-7-5399-4252-0
定价:26.00 元
(江苏文艺版图书凡印刷、装订错误可随时向承印厂调换)

目录 CONTENTS

CONTENTS

爱情心理学·拿来就用/目录

第 2 章 如何将暗恋付诸实践呢?

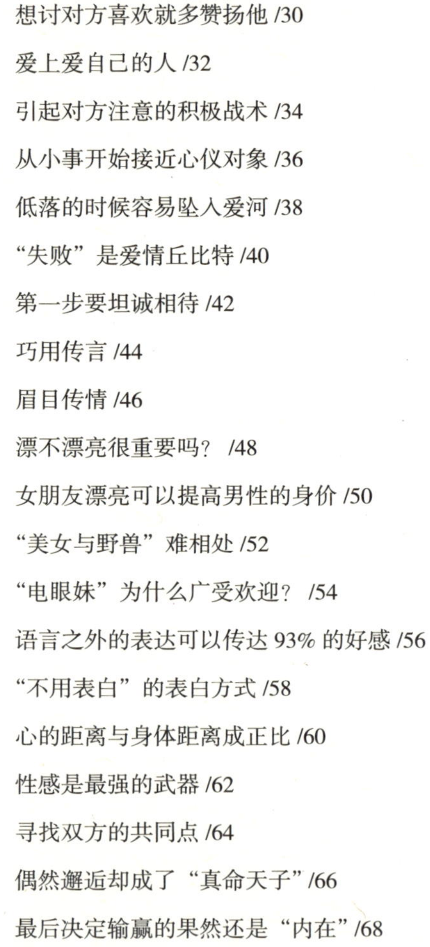

第 3 章 维持恋爱长久的技巧

第 4 章 恋爱和结婚是一回事吗？

CONTENTS

第 7 章 恋爱心理大测验

前　言

任何时代都不会褪色的主题——爱情

人为什么要谈恋爱呢？

满脑子都是意中人，茶不思饭不想，一整天都坐立不安唉声叹气，有时还会妒火中烧……即使有如此多的痛苦，人们还是无法抗拒恋爱。向暗恋对象表白成功之后的喜悦最令人欢欣鼓舞。无论什么时代，爱情都是文学与艺术永恒的主题，永不褪色。

虽说如此，恋爱却不是一帆风顺的。生活中我们需要与很多人保持良好的人际关系，而在所有的人际关系中，恋爱关系是最难处理的了。都说“男人来自火星女人来自金星”，想要互相深刻理解并不是那么容易的。

每人追求的恋爱各不相同

简单说来，男性和女性对心中理想对象的要求完全不同。而且，每个人追求的爱情也大相径庭。有的人追求轰轰烈烈的爱情，有的人则追求平凡温馨的爱情。有的人想在爱情中掌握主动，有的人则喜欢倾尽自己的所有为对方付出。

如果不知道自己喜欢的人需要什么样的爱情，恐怕很难有进一步的发展。如果没有洞悉对方的心思，即使拼命努力想要获得对方的真心，也是难于上青天。只凭努力和诚意是无法将自己的想法传达给对方的。

那么，我们到底应该怎样传达爱意呢？恋爱心理学可以帮助你解答这个问题。通过心理学，你可以培养自己的人格魅力，学会表现自我，掌握社会生存法则等等。通过这些，你会渐渐靠近爱情，最终收获属于自己的真爱。

最近，有很多关于恋爱心理的调查和分析。本书在介绍这些调查的同时，还会为大家介绍与恋爱心理学相关的基础知识，并通过插图来解释说明，浅显易懂。

如果这些可以带你进入神秘并充满魅力的恋爱心理世界，那将是我最大的欣慰。

齐藤勇

2011 年 2 月

想谈恋爱和正在谈恋爱的朋友，请潜心来读这本书。
因为在恋爱中，一定是心诚则灵，心想事才会成。

第1章

恋爱是如何产生的呢？

爱情是一种很玄的东西。共同点和认可可以引发爱情，舒适的环境和热心肠可以促成爱情，恐怖经历和讨厌可以转化为爱情，困境和障碍可以加深爱情……

坠入情网的那一瞬间

人与人之间为什么会产生恋情呢？人恋爱的时候，心里是有某种起因的。说到恋爱心理，我们先来了解一下恋爱产生的八大因素。

1. 看中对方的闪光点

外表、性格、气质等各方面，完全属于自己喜欢的类型。比如，“好喜欢阳光开朗的男生”，“超迷恋高个子的运动型帅哥”。

2. 看中对方的行为特征

对方经常夸奖自己，给予自己支持和鼓励，就好像他（她）在表达爱意一样，自己也会不知不觉地被感染。

3. 自己的特点

对对方抱有喜欢和爱慕之情，对自己也充满自信。总是低声下气的人，是无法谈好恋爱的。

4. 自己的心理状态和行为特征

一个人当时的心理状态和行为特征会影响到恋爱。心情好、处于兴奋状态时，人更容易陷入爱情。

5. 共通之处

兴趣爱好等一致。兴趣爱好相同的人之间会产生好感，进而更容易敞开心扉，拉近彼此的心理距离。

6. 相互作用

有时碰面会聊上几句，有时会通力合作完成某项任务……这样的机会也适宜发展恋情。

7. 社会原因

“我都这个年纪了还没谈恋爱，是不是太奇怪了？”受到类似社会观念的影响，有的人会产生非谈恋爱不可的想法。还有的人看到朋友恋爱了，自己也想谈恋爱，这也是同调行为的一种体现。

8. 环境因素

海边和滑雪场都是很容易发生艳遇的场所，因为恋爱同样会受到环境因素的影响。

1
看中对方的闪光点
无论外表、性格还是气质，对方都是自己喜欢的类型。
我喜欢开朗的猫！
2
看中对方的行为特征
对方总向自己示好。
毛毛，你人真好！
3
自己的特点
对自己充满自信。
嗯，每天我都很可爱！
4
自己的心理状态和行为特征
当时的心情和身体状况。
5
共通之处
兴趣爱好一致。
欧耶！
6
相互作用
生活或工作中有很多交集。
又在这儿见面啦！你喜欢看书吗？
7
社会原因（集团原因）
出于面子或者求同心理。
我也要像小琪一样，找个帅哥做男朋友！
8
环境因素
环境和氛围。
滑雪场的男生增加了两成耶！看起来好像不错哦！

爱情萌发在舒适的环境中

我们知道恋爱和空间环境有着非常密切的关系，比如“那个清凉夏日的爱情”、“海边无尽的浪漫”等都印证了这一点。而且，不论是无边无际的大海，还是银装素裹的滑雪场，都会令我们心情舒畅，在那里很容易开始一段恋情。

有个心理测验是这样的：

在一个房间播放女孩喜欢的音乐，让她看一张男孩的照片，与此同时介绍这个男孩的优点并不停地赞扬。在另一个房间，播放女孩讨厌的音乐，给她看同一个男孩的照片，同时也介绍这个男孩的优点并赞许有加。结果，前一个女孩对这位男孩更有好感。

通过这个测验，我们可以得出这样的结论：**在自己喜欢的环境中，我们更容易对异性产生好感。**舒适的环境给自己带来了好心情，而好心情会影响到我们对待异性的态度。这种影响就叫作“好感效果”。

也正因为如此，在舒适的环境中，对恋人告白的成功率更高。除了视觉和听觉的因素外，环境中的温度和湿度、空气中的香薰味道、空气质量等都会影响到身体舒适度，进而影响我们对待异性的态度。由此可以推测，能够令人“神魂颠倒、陶醉其中”的环境最适宜谈恋爱。

然而，在舒适的环境中萌发的恋爱种子能否在以后的生活中茁壮成长就另当别论了。从“神魂颠倒”中醒来后，还需要两个人精心维护这段感情。

好感效果
在舒适的环境中，对异性多是积极正面的评价。

真的有一见钟情吗?

听说有人一见钟情后就闪婚了,是不是觉得这样就完成了终身大事很轻率?可能有不少人都这么认为。

心理学家就“一见钟情”作了一项调查,结果非常出人意料。在美国以1500名成年男女为对象展开调查,其中“相信存在一见钟情”的超过60%。这部分人中,有60%亲身经历过一见钟情。进一步的调查后又发现,经历一见钟情的人中,有70%会选择结婚或者保持着长期的恋爱关系。最终,这70%的人中,又有55%走入了婚姻的殿堂。

从这些数据我们可以看出,从一见钟情开始的恋情是多种多样的,并且**一见钟情并不仅仅是一时的冲动,而是决定今后人生的一次非常重要的邂逅。**

在离婚率高达50%的美国,通过一见钟情结婚的夫妻的离婚率,男性为20%,女性则低于10%。这个结果是不是也有点儿出乎意料?

因此,可以说“一见钟情”不仅不会比“非一见钟情”的感情危险,反而很有可能发展成两情相悦的长久关系。

另外,无论恋爱还是结婚,感情基础比经济条件更重要。有感觉,才能修成正果。

一见钟情的原因

关于一见钟情的原因,存在各种各样的假说。其中,有一种认为人类具有瞬间得出结论的“适应性无意识”能力。这种能力不同于“直觉”,是一种可以在瞬间看清事物本质或得出问题结论的能力。在恋爱行为中,那便是人在见面的第一眼就能看出对方是否是自己今生要找的人。

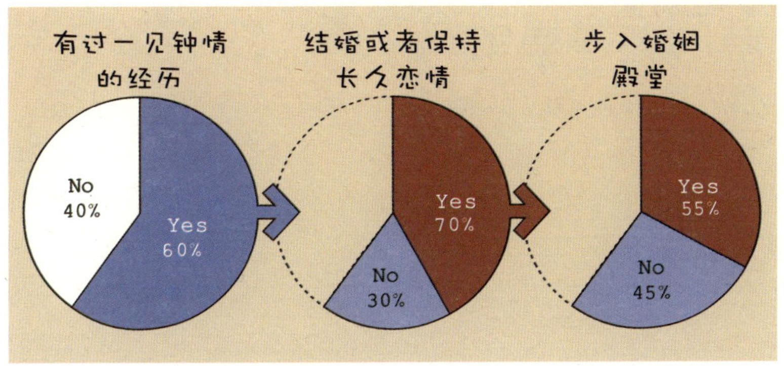
有过一见钟情
的经历
No
40%
Yes
60%
结婚或者保持
长久恋情
Yes
70%
No
30%
步入婚姻
殿堂
Yes
55%
No
45%

你好，我是
这个项目的
负责人。
天哪！这个
人正是我喜
欢的类型！

共同点容易引发恋情

当你发现“咦？他和我一样”时，是不是会不自觉地对对方产生好感？发现对方和自己同所学校毕业、兴趣爱好相同、喜欢同一个作家等，这些都会瞬间对对方产生亲切感。

人们发现对方和自己存在“相似性”或“共同点”时，会备感亲切。因为“相似性/共同点=容易沟通”，人会不自觉地降低心理防线，相互间更容易接近。

无论是谁第一次见到陌生人，都会产生心理距离。于是，先在心里设一道防线，然后一边观察一边了解对方。能在短时间内消除这种心理防线的，便是“相似性”或“共同点”。

我们对与自己有共同点的异性往往会感觉更亲近，这常常会点燃恋爱开始的小火苗。如果你有想接近的异性，不妨利用这点。比如，想办法了解对方的兴趣，然后查找相关的信息并熟记于心，适时地再展现给他。这样一来，对方会很自然地对你产生好印象。

即使完全找不出和心仪异性的共同点，也不要灰心丧气。对一部小说有相同的看法、对一幅画作有同样的领悟等，这些感觉上的共鸣也可以让对方对你产生亲切感。

总的来说，这种“共鸣”和“能安心在一起”的感觉是发展恋情的关键所在。

长相相似也容易引发恋情

有一种假说称，人看到与自己长相相似的异性时，会瞬间坠入爱河。从认知心理学的角度来看，当人发现别人的某个器官与自己的相似时，会对对方产生好感。我们平日里经常照镜子，因此对自己的眼、鼻、口、耳等器官十分熟悉，对五官和自己相似的异性自然会产生一种亲切感和安心感。这种感情也会顺理成章地发展成恋情。

相同点
=
容易沟通
0%
100%
亲近感飙升！
你很喜欢来图书馆呀！我也很喜欢来这里！

"好感"与"恋爱"不同

遇到心动的异性时，您是不是会不太确定这种感觉到底是"喜欢"还是"爱"？

"其实，我们原来一直是好朋友，后来不知道什么时候就互生爱意了。"这样的情节是爱情片中常有的片段。那么，"喜欢"这种感觉到底意味着什么呢？

"喜欢"这种感觉非常细腻，也许还有些戏剧性。根据心理学的调查和研究，好感的"喜欢"和恋爱的"喜欢"是两种完全不同的感觉。根据各种数据，我们作出以下总结。

好感的"喜欢"有以下三个特征：

1. 有好感；
2. 尊重彼此；
3. 相似性。

恋爱的"喜欢"也有三个特征：

1. 亲近和依赖需求，想和对方在一起，一刻不在一起都会思念对方；
2. 互助倾向，只要是对方的事，无论什么都愿意牺牲自我为对方付出；
3. 排他的感情，想要独占对方的心。

由此可见，这两种"喜欢"与其说是程度不同，不如说是两种性质不同的情感。对于这两种情感，男性和女性的看法存在有趣的差别。女性把"好感的喜欢"和"恋爱的喜欢"之间的界限划得很清楚。男性则不然，与女性长时间的好感都有转变为恋爱的倾向。因此，对女性来说，男女之间可以存在真正的友情；而对男性来说，恐怕就难了。

LOVE

亲近和依赖需求	互助倾向	排他的感情
想和对方在一起,一刻不在一起都会思念对方。	为了对方,愿意牺牲自己的一切。	想独占对方

恐怖经历可以转化成恋爱

玩过山车或者进入“鬼屋”时，整个人都会处于非常紧张兴奋的状态。这种状态其实和谈恋爱时那种心跳加速的感觉非常相似。

下面来看一个有趣的心理实验。让同一名女生先后站在晃来晃去的吊桥和稳固的木桥中央，以作心理调查问卷为由叫住过桥的男生。等作完问卷调查后，女生会告诉男生：“如果想知道调查的结果，请过几天给我打电话。”并把写有自己联系方式的纸条递给对方。结果，数日之后，给这名女生打电话的男生中，过吊桥的男生远比过木桥的男生多。

为什么过吊桥的男生会有这样的行为呢？因为他们把过吊桥时那种战战兢兢、心跳加快的感觉误以为是恋爱的感觉了，而恋爱也会令人心跳加速。这就是著名的“吊桥理论”，或称为“恋爱的吊桥理论”。一种所谓“错误归属”的心理在其中起了很大作用。错误归属，即误解了自己的体验。在上面的实验中，便是**男生把过吊桥时的紧张和遇到心仪女生的紧张混淆了。**

利用这一心理效应，一起去看恐怖电影，玩紧张刺激的游戏，观看激烈的体育比赛，也会是增进感情的好方法。

巧妙利用“吊桥理论”

看恐怖电影时那种心惊肉跳、血液倒流的感觉，常被误认为是对恋爱对象的爱情。坐游乐园的过山车时也会产生类似的效果。我们经常能看到这样的情景，女生在过山车上一边尖叫一边拼命抓紧男友的臂膀。此外，还可以选择去高层建筑的顶楼观光台约会。

过山车的紧张感
恋爱的紧张感
弄错喽!
欧耶!!!!

容易喜欢上肯定自己的人

不论是谁，都希望听到别人给予自己肯定，而且也在不断寻找能够满足他这个需求的人。这就是所谓的“社会认可需求”。

之所以会有这种需求，是因为人本能地想避开痛苦，过安稳的日子。如果周围经常有质疑的声音，做事时随时都会冒出不同的意见，或者总要担心有人会攻击自己的处理方式，人就没有办法安然度日。

因此，**对于肯定自己、愿与自己站在同一立场的人，我们更容易产生好感。**和这样的人在一起，我们会感觉很快乐，自信心也会大增。如果对方是异性，也很容易由此滋生爱意，心里也许偷偷地在想："和这么能够懂我的人在一起生活，一定会幸福吧。"

有机会的话，注意观察一下酒吧老板娘如何和男性顾客搭讪，从中你会学到和男性聊天的技巧。即使男性顾客是在吹牛，老板娘也会附和着说“真厉害啊”，“果然不凡啊”，“真让人佩服啊”等等，以满足男性顾客的“社会认可需求”。这种状况持续一段时间之后，客人就越来越无法离开老板娘了。只要一遇到痛苦的事情，遭遇到打击或者希望获得肯定的时候，就会立即跑到酒吧老板娘那里诉苦。

褒奖女性的有效方法

实际上，最能让女性开心的方法并不是从头到尾一味地褒奖，而是先贬低后褒奖。先贬低，伤了女性的自尊心；然后再褒奖，会使女性有种由低处往上升的感觉，能真实感受到被表扬的开心感。比如，先批评她化的妆太浓了，然后再加上一句褒奖的话："本来很漂亮的脸，化那么浓的妆太可惜了。"

想避开痛苦、
安稳地生活
好希望有人
支持我！
谁能肯定
我呢？
毛毛一直都很
努力耶！
开心
自信心
大增
要是能和这么
懂我的人一起
生活，一定很
幸福吧！

热心肠也会促成恋情

遇到自己喜欢的人，一般会对她（他）热情有加。如果对方需要帮忙，更是有求必应。换成不喜欢的人，一定不会这样。这是最自然不过的了。反之，也可以利用帮忙的机会培养爱情。

如果经常帮助一个人，对他（她）总是很热情，连自己都会怀疑“是不是喜欢上了对方”，也许不知不觉间就萌发了爱情。

一般情况下，**人认为自己只会对喜欢的异性伸出援助之手**。因此，在帮助别人后，为了不产生自我矛盾的心理，就会暗示自己：“我帮他（她）是因为喜欢。”这种带有好感的感情很多都慢慢发展成了恋情。

对此，有很多典型的例子都可以证明。例如，有的女孩会对自己一直照顾、想甩又甩不掉的邋遢小子产生恋人般的甜蜜感情。其实，这个过程是潜移默化的，女孩会慢慢误认为自己照顾他是出于喜欢。

换个角度来看，故意利用这种心理也可以促成恋情。你可以向自己喜欢的人借 CD 或书，请对方在工作上帮忙等。如果对方一直都爽快地答应，慢慢就会误认为自己喜欢上了你。不仅如此，这种“误解”还有可能使两个人的感情升华为爱情。

借故帮忙来试探他的真心

借故找心仪的男性帮忙时，如果对方对自己的求助不理不睬或敷衍了事，那说明他的人品有问题，根本不适合做恋爱对象。因此，没必要对他苦恋不舍。如果对方不仅非常愿意帮助自己，还不计得失，那就说明他对你也有好感。而且，还可以借此判断他办事能力的高低，获得更多的“附加情报”。这对两个人日后的交往也会有所帮助。

对我不喜欢的
人那么照顾，
好奇怪啊！
难道说我经常
帮助毛毛是因
为我喜欢她？
其实是错
觉……
好感
恋爱感情
小白，能帮我
找本书吗？
当然可
以啦！

讨厌也可以转化成喜欢

恋人之间一定从一开始就彼此喜欢吗？那可不一定。我们经常听到恋人们这样评论彼此："其实我对他的第一印象并不怎么样"，"做梦也没想到我们俩能成为恋人"……

当然，并非所有互相讨厌的人都能变成恋人。我们先来看看，到底是什么神奇的力量能使"讨厌"转化为"喜欢"。

答案就是：虽然很讨厌对方，但由于某个契机对对方的印象发生了180度大转变。讨厌一个人，对他（她）的评价往往也会跌到谷底。然而，**通过某个契机了解到对方的闪光点时，"印象值"会意想不到地高涨。**

"他生气的时候凶得让人恐怖，没想到平常却是个温文尔雅的人"，"原以为他很不好接触，了解了才发现非常细心体贴"，"他其实很会照顾人"……像这样，发现了对方的优点，好感度会突然上升，原来的坏印象也立即得到扭转，而由此带给人的"冲击感"也比较大。然而，倘若一开始的印象就不错，即使后来发现了对方的优点，也不会产生如此大的冲击感。

事实上，这种印象的大转变关系到"喜欢"。换句话说，喜欢对方不是因为对方发生了变化，而是我们对对方的认识发生了改变。感觉也会因为"先抑后扬"的冲击而升温为爱情。

-100
-80
-60
-40
-20
0
20
40
60
80
100
好感
好感+

印象的转变幅度越大，越容易产生好感。
-100
-80
-60
-40
-20
0
20
40
60
80
100
讨厌！
喜欢！

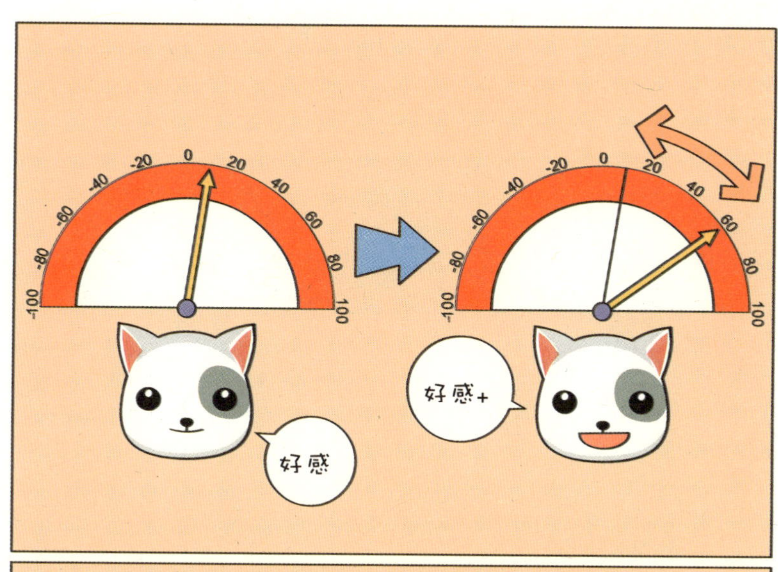

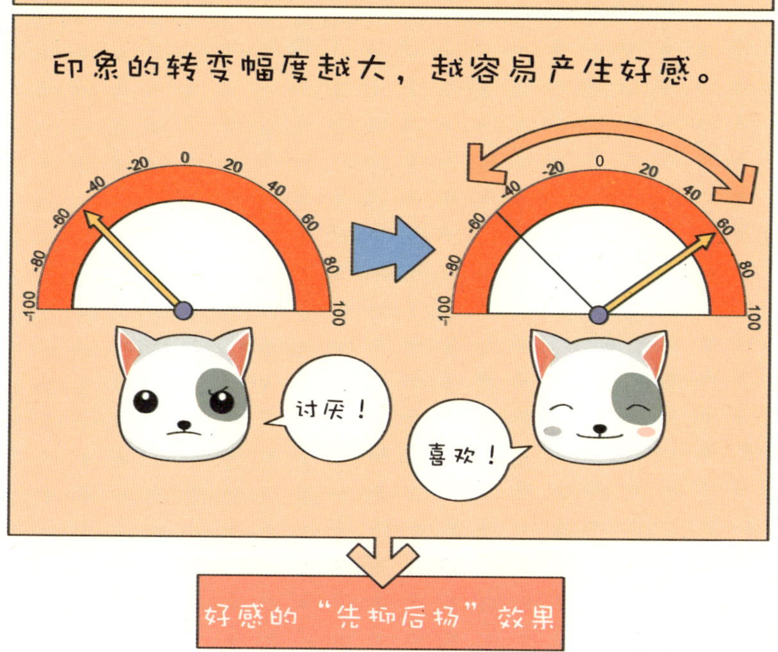

好感的“先抑后扬”效果

共同经历困境容易培养出感情

紧张的职场、繁忙的工作会造成精神上的巨大压力。一个人面对做不完的工作、无休止的加班和招人烦的上司时，会感觉身心疲惫。然而，倘若是两个人共同应对，情况会完全不同。

巨大的压力并没有因此减轻，但是同样的压力由两个人来承担的话，两个人的关系会发生变化。共同经历困境、分担重任的两个人之间，会产生很强的“连带感”。而一同克服压力完成任务，会增强两个人之间的“命运共鸣”。不仅如此，在这个过程中，两个人互相鼓励、互相安慰，不知不觉间就心灵相通。

如果这种情况出现在同性之间，两人会形成非常深厚的友情。而且工作压力越大，两人之间的感情越深。

再看看自己周围，是不是有那种顶着压力相处的恋人感情反而更好呢？这就是共同承担压力带来的更坚韧的爱情。这么想来，在这个压力重重的社会，是不是到处都潜藏着恋爱的机会呢？

哪种男性绝对不会共患难

有一类男性评价或对待女友时，毫无同情心。他们并非设身处地地给予评价和理解，而是丝毫不讲面子和感情，就连基本的恻隐之心都消失殆尽，就像女友是一个不相干的陌生人一样。特别是当女友身处困境需要他的理解和支持时，他却装糊涂当做没看见，置之不理。这类男性只能与女友同欢乐，绝对无法与她共患难。

做不完的工作
无休止的加班
烦死人的上司
我们一起加油吧！

障碍可以加深恋情

正如前面所说，顶着周围压力相恋的两个人感情反而更好，这个现象可以从心理学的角度进行解释。

喜悦、愤怒、悲伤等情绪，是由生理原因引起的精神兴奋和所处的环境二者共同决定的。生理原因引起的精神兴奋，如果遇到可以解释其兴奋的理由时，就会变成“因为……我很高兴”，“居然有这样的事情，太让人气愤了”等等。即**人会将环境的原因“混淆”为自身的精神原因**，这也是人认识自我情感的一个误区。

你一定知道莎士比亚的《罗密欧与朱丽叶》这部戏剧吧。故事中，两个世代对立的家族各自唯一的继承人罗密欧与朱丽叶坠入了情网，并且在所有人的反对下，两人最终选择了殉情来证明自己至死不渝的爱情。

这是在爱火燃烧下殉情的两个人。然而，从心理学的角度看，正是有了周围人的反对，两个人才会爱得那么轰轰烈烈。换言之，因为外界的阻力，使两个人的感情激发升温，而且遇到的阻力越大，越能增进男女之间的感情。

其实，当彼此吸引的两个人不得不分手时，人会产生一种“不协和感”（不快感）。此时，要消除这种“不协和感”的心理效应就开始发挥作用。由于人的心理无法改变外界阻碍的现状，于是就加深感情以逾越障碍。而且，人们还会产生错觉，把战胜困难的力量误认为是爱情的力量，把逾越障碍的成就感转换为恋爱的感情。

实际生活中，我们也会发现，相比双方父母都赞成的恋人，遭到父母反对的恋人爱得更浪漫、坚决。

遭到周围人的强烈反对

精神进入亢奋状态

越反对，爱火燃烧得越旺

你的恋爱是哪种类型？

恋爱分很多种类型：有的是稳定的互相照顾型，有的是轰轰烈烈的激情四射型，有的则游戏人生对爱情浅尝辄止……不同的人对恋爱有不同的追求。根据加拿大社会学家 John Alan Lee 的研究，恋爱共分六种类型：

1. 情欲之爱（eros）

建立在“理想化的外在美和占有对方的欲望”之上，浪漫、富有激情。

2. 游戏之爱（ludus）

视获得异性的青睐为一种有趣而富有挑战性的游戏，并不会投入真正的感情。而且，常常更换对象，重视的是过程而非结果。

3. 友谊之爱（storge）

稳定无风浪，从朋友发展到恋人关系。这是一种细水长流的爱，由这种爱缔结的婚姻最稳固。

4. 依附之爱（mania）

由于疯狂爱上对方、不安和占有欲泛滥，对感情的需求甚至达到强迫性的程度。

5. 现实之爱（pragama）

恋爱时，会考虑对方的现实条件，以期让自己的“酬赏”增加且减少付出的成本。双方在互利的前提下发展感情，而不是浪费真情。

6. 利他之爱（耶稣之爱）（agape）

将对方放在第一位，牺牲自我成全对方的爱。

现在，你知道自己想要的是什么样的爱情了吗？这六种恋爱类型中有接近你追求的类型吗？其实，人并不是很了解自己。我们可以先确定自己想要的恋爱类型，然后再来寻觅可以满足我们需要的恋爱关系。

从下面的选项中，找出自己的恋爱倾向。
•和恋人在一起时，会不知不觉变得温柔可人。→1
•不会迷恋对方，认为在一起快乐就好。→2
•分手后也还可以做朋友。→3
•恋人和别的异性哪怕说句话都会妒火中烧。→4
•不会下嫁给不如自己的人。→5
•看到恋人痛苦时，就希望自己替对方分担。→6
1 情欲之爱（eros）
浪漫恋情
2 游戏之爱（ludus）
游戏般享受爱情
3 友谊之爱（storge）
从友情发展来的恋情
4 依附之爱（mania）
心中充满了不安和占有欲
要是被劈腿怎么办？
今晚的聚会估计有女的参加吧？
5 现实之爱（pragama）
恋爱是为了满足自己的权力欲和金钱欲。
为了我要好好工作赚钱！
6 利他之爱（耶稣之爱）（agape）
将对方放在第一位，牺牲自我成全对方的爱。
只要是为了你，我什么都可以做。

能博取好感的位置

当你和一位朋友在桌前就座时，你所选的位置会影响到对方的感受。

如果你坐在如下一页所示的A处，即隔着桌子面对面而坐，两个人的视线会经常触碰到一起，气氛相对严肃，适合谈重要的事情或说出重大的决定。如果坐在B处，即桌子的一个斜对角的两头，两个人之间的心理距离会疏远。如果对方是你想避开或不想过多交谈的人，这个位置最适合不过了。

那么，和异性在一起时，哪个位置最容易催生恋情呢？答案是C，即隔着桌角相邻而坐。坐在这个位置，两个人的视线不会有太多交集，可以很轻松地交谈，自然而然就能拉近彼此之间的**心理距离**。身体不经意间触碰到一起时，还会提高两个人的**亲密度**。当然，这里也是故意制造身体接触机会的最佳位置。不仅如此，相比位置A和B，在C处聊天更不容易感到疲惫，自始至终都可以保持亲近感。

最后再说说成为恋人后应坐的位置，那就是D。确定恋爱关系后，两个人的交流将不仅仅局限于目光和语言，更重要的触觉（肌肤之亲）、嗅觉（体香）和听觉（悄悄话）。

“男左女右”容易产生亲密感

在路上并排行走或并排坐时，如果女性处于右侧，很多男性会感觉更加舒服自在。中国的交通习惯是车辆靠右侧行驶，所以在人行道上并排行走时，男左女右是男性的一个基本礼貌。左侧靠近车道，男性在左侧更能体现对女性的关心、呵护。此外，男性中“右撇子”的人居多，女性处在自己的右手边，也会让男性感觉很安心。

A
B
C
D

恋爱心理术小结①

★约会时，选择舒适的环境。这样不仅有利于产生好感，告白的成功率也很高。

★相信一见钟情并非一时冲动，而是关乎今后人生的一次重要邂逅。

★发现共同点，拉近与心上人之间的心理距离。

★“好感的喜欢”与“恋爱的喜欢”大不同，看清自己内心的真情感。

★利用“错误归属”的心理，巧妙地将恐怖的经历转化为爱情。

★喜欢他，就去肯定他，满足他的“社会认可需求”。

★不确定他的心意？那就故意找他帮忙吧。

★感情中遭遇困境和障碍并非坏事，正是培养和加深感情的良好契机。

★就餐时，与心上人隔着桌角相邻而坐，最容易催生恋情。

第 2 章

如何将暗恋付诸实践呢?

爱情是“有方可依”的。好感的互惠性、登门槛效应、自尊理论、自我告白、间接传达、眼神交流、光环效应、非语言交流、单纯接触原理……通通都是赢得爱情的好方法。

想讨对方喜欢就多赞美他

想让对方对自己产生好感，什么办法最好呢？那就是赞美，而且要不停地赞美。

大家都知道想讨好谁就要夸奖他，给他戴高帽子。也许，在旁观者看来有拍马屁的嫌疑，但对当事人很奏效。在人的心里，都希望自己的行为得到认可、受到赞扬，这是一种“自我肯定欲求”。因此，面对别人的赞美，虽然有时明知是奉承，但心里依然非常高兴。而且，对于满足自己这种需求的人，例如“高度评价自己”或“认为自己有价值”的人，我们容易对其产生好感。

受到赞扬的人，自信心会提高，进而情绪高涨，行动更加积极。然而，在现实生活中，人们往往很少有被夸奖的机会。于是，因为“自我肯定欲求”长期得不到满足，人们更容易对夸奖自己的人抱有好感。

在恋爱关系中也如此。如果有异性夸奖自己，我们会对他（她）产生好感，进而拉近两个人之间的心理距离。**如果多次被同一位异性夸奖，这种好感会得到强化，从“好感”转化为“恋情”。**

那么，想讨好谁，就把他（她）的优点扩大，尽情地赞美吧。

昏暗中正好有恋爱的机会

包括人类在内的很多动物，眼睛都会不自觉地往明亮的地方看，而昏暗的环境可以阻隔别人的视线，人们可以很安心地待在那里。另外，有实验证明，在昏暗的环境中，男女之间可以紧密接触，使亲密感上升。不仅如此，在昏暗的环境中，人的视力不如平时好，心仪的异性看起来也更美。酒吧恰好就是这样一个约会的理想场所。

自我肯定欲求
好希望有人夸奖自己。
别人会肯定我的价值吗?
她很肯定我的能力啊!
小白，你好棒啊!
好感
恋情

爱上爱自己的人

问到喜欢的异性类型，有人会说他喜欢“喜欢自己的人”。这听起来有些可笑，但确实有一定的道理。

人如果知道别人对自己有好感，也同样会对对方产生好感。我们都需要增强自尊心和自信心，而这种自尊和自信正是源于他人的好感和赞美。对于能给予自己这些东西的人，我们一般都会回报以好感。这种维持好感平衡性的心理叫做“**好感的互惠性**”，或称为“**好感的反馈性**”。

好感的给予和获取在人际关系中适用，在恋爱中也同样有效。如果你希望博得心仪异性的好感，首先要表示自己的好感。如此之后，你才能得到对方反馈的好感。

假如有人向你表白，即使你没有立即答应和他（她）交往，也不会完全忽视他（她）的存在。相反，经常会在潜意识中加深对方的印象，不知不觉中就有可能喜欢上对方。

当然，不只好感有“互惠性”，厌恶也是相互的。厌恶是一种很容易流露出来的感情，很难隐藏。就算厌恶的情绪没有表现在脸上，冷落或忽略对方的存在已是很明显的体现。感受到自己被厌恶的人，也会回报以厌恶。这叫做“**厌恶的报复性**”。

爱情=多巴胺

多巴胺是一种神经传导物质，不仅能左右人们的行为，还参与情爱过程，激发人对异性情感的产生。当一对男女一见钟情或经过多次了解后产生爱慕之情时，丘脑中的多巴胺等神经传导物质就源源不断地分泌，于是我们就有了爱的感觉。然而，这样一个过程通常只会持续一年半到三年。随着多巴胺的减少和消失，激情也由此变为平静。

好感
好感的互惠性
好感
厌恶
厌恶的报复性
厌恶

引起对方注意的积极战术

如何能引起心仪对象的注意呢？最简单有效的办法就是投其所好。比如，对方喜欢温和稳重的女性，你就要尽量展现出这样的特质。这种为了博取异性的好感而迎合对方的“表演”叫做“印象操纵”。这个方法在恋爱中有效，在日常生活中也可以派上用场。例如，通过印象操纵，可以让邻居和同事认为自己是个和蔼可亲的人。

关于“印象操纵”，心理学家还作过一个有趣的实验。先调查参加实验的女生未来期望以事业还是家庭为重。然后，根据调查结果，将选择以事业为重的女生集合到一起，每人各发一份同一位男生的个人信息。这位男生的个人信息如下：一流大学三年级学生，21岁，身高183公分，热爱运动，无女友，喜欢居家稳重的女性……

接下来，请各位选择以事业为重的女生准备个人信息，并告知会交给这位男生。结果，这些女生大多都改口说自己是居家型的女性。当然，如果男生的个人信息是“三流大学、个子矮、不爱运动、有女友……”，那就看不到这个效果了。

制造良好的第一印象要投其所好

印象中包括发型、体型、姿势、说话方式、语气语调、表情等方面，是一个综合性的评价。而且，不同的人关注的角度也不同，比如有人特别在意发型，有人则关注表情。这和人的固定观念以及过去的经历有很大关系。因此，要想给对方留下良好的第一印象，首先要了解对方喜欢什么，然后投其所好。

我完全不会做饭!
喜欢会做饭的女孩子~
印象操纵
我厨艺很不错的!

从小事开始接近心仪对象

如果直接对自己喜欢的人说“我们约会吧”，恐怕太害羞说不出口。如果两个人都不是很熟悉，很有可能会遭到拒绝。

此时，**要先从小的请求开始入手**。如果对方喜欢搜罗美食，你可以借工作之名请对方帮忙，比如：“最近我要负责单位的酒会，你有没有好的地方推荐？”这看起来是小事一桩，对方也会爽快答应。而且，所有人都喜欢别人来咨询自己最拿手的事情。

从答应这个小请求开始，你就算和对方搭讪成功。这一步成功后，你可以进一步拜托对方“能麻烦你把这家店的菜单发给我吗？”“能先陪我去看看店里的环境吗？”等等。人一旦答应了小的请求，就很难再拒绝后面的要求。像这样，先从小的请求入手，分阶段提出更高请求的方法叫做“登门槛效应”，英语中称为“Foot in the door”。说得形象一点儿便是，既然一只脚都进去了，又何必在乎整个身子都进去呢。

如果觉得直接提出一起吃饭、看电影等约会请求显得唐突，可以先提出“下班路上一起去喝杯咖啡，有点事情要谈”等小请求。对于这样的小事，对方一般不好意思拒绝，因为他（她）会觉得这么小的事情都拒绝了，自己未免也太小心眼了。喝了几次咖啡后，你可以试着邀请对方一起吃午饭、看电影等，逐渐提高约会的难度。其实，人们都有保持自己形象一致的愿望，不愿被看做反复无常的人。因而，后面再提出难度高一点的请求也不会被拒绝。

另外，当对方接受我们的吃饭或看电影的邀请后，最好还要设计一下见面时谈话的内容。如果谈话内容过于肤浅，或没有什么正经事，容易被对方认为是“没事找事”。所以，还要准备一些“有谈论价值的话题”。如果约会对象是同事，那么谈论的话题可以是有关“其他同事的事”或“上司的事”。

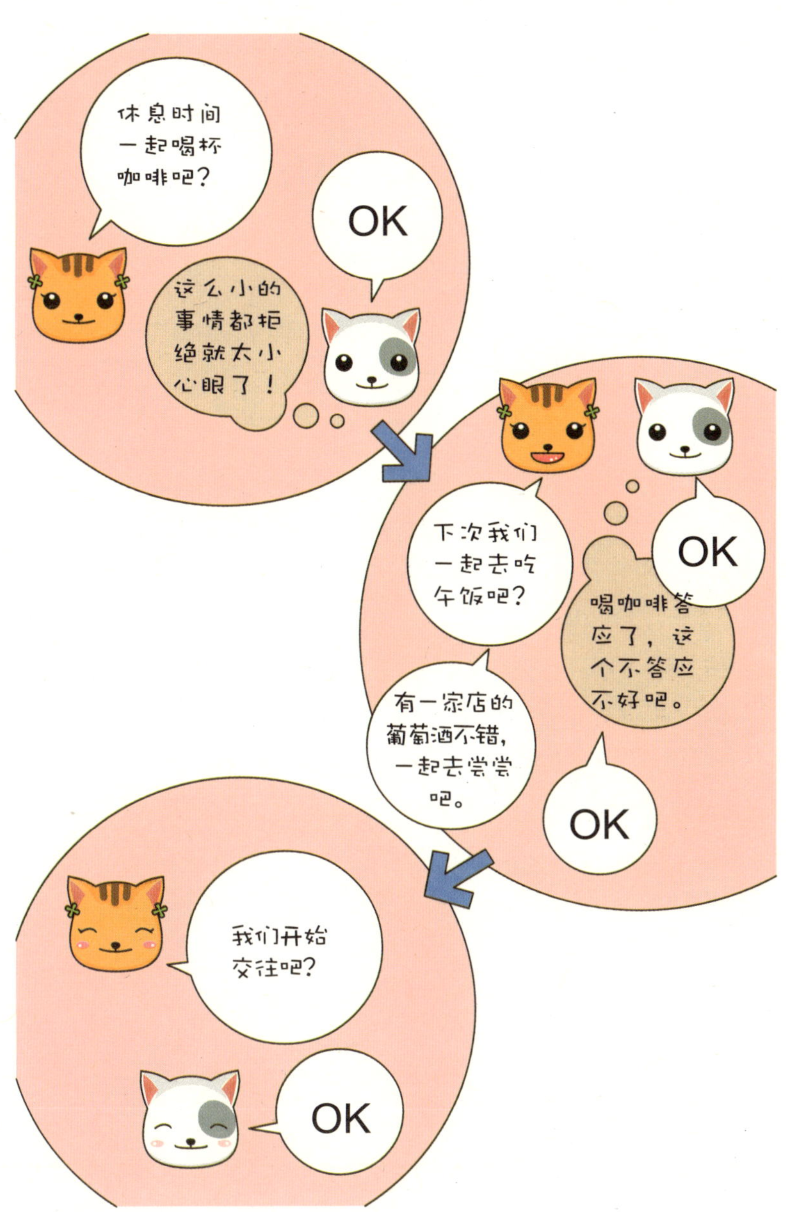

休息时间一起喝杯咖啡吧?
OK
这么小的事情都拒绝就太小心眼了!
下次我们一起去吃午饭吧?
喝咖啡答应了，这个不答应不好吧。
OK
有一家店的葡萄酒不错，一起去尝尝吧。
OK
我们开始交往吧?
OK

低落的时候容易坠入爱河

工作中出现失误、被老板狠狠训了一顿时，会感觉自尊心受伤。此时，人的情绪会很低落。根据心理学家的“自尊理论”，这个时候的人最容易坠入爱河。

所谓的“**自尊理论**”，是指**人的自我评价降低时更容易爱上别人**。一旦降低了自我评价，相对而言就会觉得周围的人比自己优秀，情不自禁地就会喜欢上某个人。反过来看，可以说自尊心越强的人越难谈恋爱。

有一个心理学实验可以佐证。先给女学生作心理测验，然后等她来取结果时，给她一份写有“你的性格不够成熟，而且软弱、有攻击性”等充满负面评价的心理测验报告。这个时候，女生的自我评价会瞬间下降。之后，我们要追踪观察她对待约会邀请的态度。而接下来发生的便是心理学家事先设计好的：这位女生在等待领测验结果的房间中，遇见了初次邂逅的他……

实验的结果证明，自尊心受挫的女生，很容易就会接受对方的约会邀请，而且还对这个男生充满了好感。那么，如果心仪的对象因为某种原因心情跌入谷底，而且自信心严重受挫，这个时候是你发出邀请的绝好机会。你要做的只是在她身边给予安慰，鼓励她“下次一定没问题”，“你很有能力”等，这样就可以赢得她的好感。等她伤心过后，也许就会对你产生爱慕之情了。

小白看上去
好低落啊!
机会来啦!
小白，下次你
一定行!你很
有能力的!
自尊心受挫
时，自我评
价会降低。

“失败”是爱情丘比特

端庄秀丽、成绩优秀、工作能干、待人和蔼、性格开朗……如果真有这样完美的异性就在身边，你会怎么办？你会有约她并把她追到手的冲动吗？其实，人一旦遇到非常完美的人，心中都会有些泄气。即使对方并没有表现得很高傲，自己也总是感觉底气不足，不敢轻易接近对方。

有这样一个实验为证。在美国举行的猜谜资格大赛上，实验人员用录音机录下了参赛选手的声音。参赛选手中，有的几乎全都答对了。从这些人的档案来看，他们大多是学生时代的佼佼者，不仅成绩优秀、运动细胞发达，还很有组织能力，堪称精英人才。还有一类人，他们不仅没全部猜对，还在录音的最后出现“糟了，咖啡洒了，刚买的衬衫就弄脏了”等意外。

之后，实验人员将这两类人的录音分别播放给测试者听。相比精英人才，测试者对录音中把咖啡洒掉的人抱有更高的好感。通过实验我们可以知道，**与完美的人相比，有缺点的人更招人喜欢**。与完美的人在一起，人会感觉压力太大，喘不过气来。不仅如此，完美无瑕的人让人感觉缺少人情味，离我们的现实生活太远。

恋爱中的“匹配假说”

寻找恋爱对象时，人会把对方的容貌和自己的进行比较，对和自己容貌程度相当的异性更感兴趣。虽然俊男美女更吸引人，但如果对方的容貌比自己好太多，容易遭到对方拒绝。因此，大多数情况下，人会找与自己条件差不多的异性谈恋爱。这在心理学中被称为“匹配假说”。

第一步要坦诚相待

喜欢上一个人的时候，一定春心荡漾，希望更多地了解对方。尤其是当对方告诉自己一点小秘密时，就感觉他（她）已经向自己敞开心扉一样，会情不自禁地兴奋不已。

可是，和别人倾诉自己的事情是非常需要勇气的。这种和对方分享自己的秘密或谈论隐私性话题的方式，在心理学中被称为“自我告白”。当对方了解了你的一些秘密，尤其是当他（她）知道这些秘密你从未向任何人提起时，对你的亲切感会立刻升温。

自我告白不能局限于表面，还要进行更深层次的展示。这是个毫不掩饰的自我剖析过程。如果你犹豫不决，纠结于“我说了对方会怎么看我”，“他能理解我的想法吗”等等，是不是就有点太畏首畏尾了。

在恋爱关系中，通过自我告白可以建立亲密关系。有一个心理测验表明，将自己的事情在大家面前公开的越多，大家对他（她）的好感度越高。不仅如此，我们也会对向我们“自我告白”的人抱有好感，并打开自己的心扉。这便是自我告白的回报性。

在恋人关系中，这种互相“自我告白”的需求更加强烈，因为我们都希望对方了解一个真正的自我。相反，如果我们总是说“这件事情我不想说”，“这是我个人的秘密”等等，双方很有可能因此产生隔阂。恋人之间一般没有不能说的秘密哦。

那么，如果想讨对方喜欢的话，首先要鼓起勇气坦诚相待。谈恋爱本身也是人生成长的一个过程。

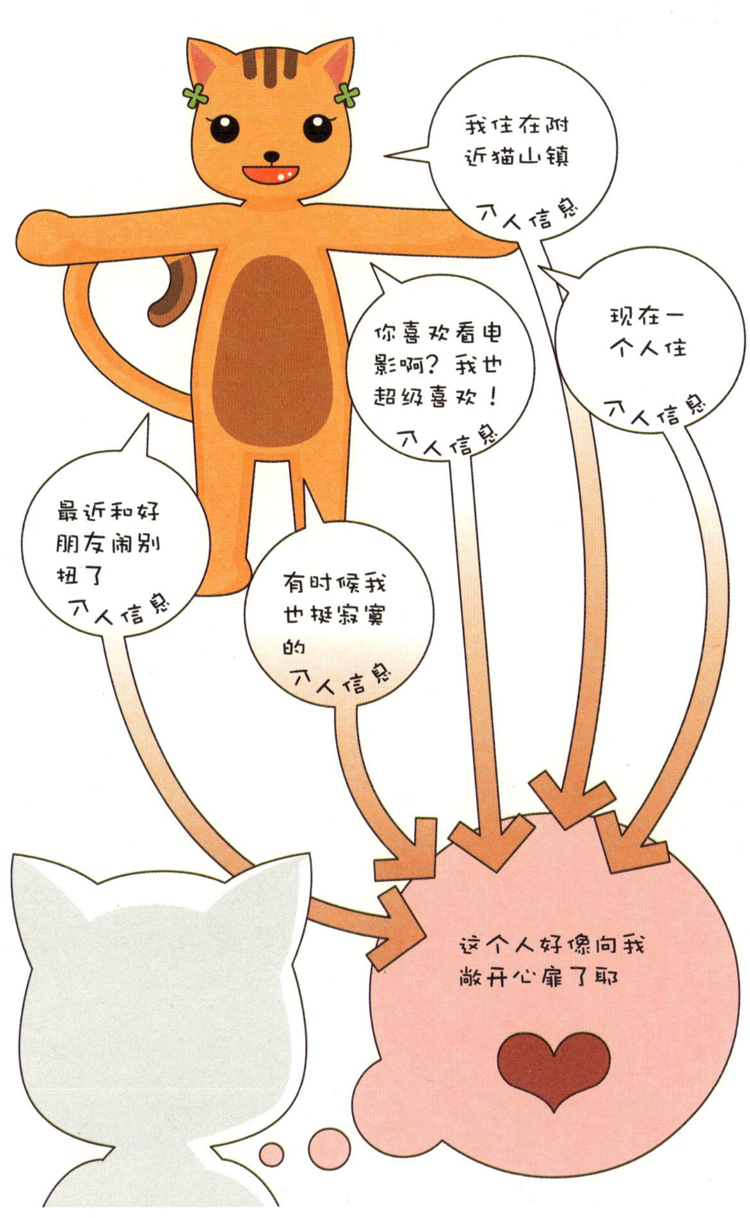
我住在附
近猫山镇
个人信息
你喜欢看电
影啊？我也
超级喜欢！
个人信息
现在一
个人住
个人信息
最近和好
朋友闹别
扭了
个人信息
有时候我
也挺寂寞
的
个人信息
这个人好像向我
敞开心扉了耶

巧用传言

虽然传言并没有什么可靠的依据，但总有很多人相信。

关于某件事的消息，我们并非从当事人口中得知，而是从第三方处听说，这叫做“间接传达”。也就是我们平时所说的“传言”。有趣的是，**传言对恋爱本身有意想不到的神奇作用**。

恋爱传言往往不是当事人制造的，而是周围的人“间接传达”散布开来的。像“你知道吗，A 喜欢 B 耶”，“小 C 好像挺喜欢小 D 的吧”这类传言，往往比当事人亲口说出的话更能让周围人相信，也因此会被认为是既成事实传播开来。

倘若是毫无根据的传言，会招致周围人刨根问底，这对当事人来说的确是很麻烦的事情。然而，如果仍处于暗恋阶段，可以利用这种“传言”的效果实现恋情。比如，可以将自己的想法告诉某个人，再让他若无其事地把这个消息传到暗恋对象的耳中——“那人好像挺喜欢你的”。然后，我们就可以静待对方的反应了。

此外，我们还可以把自己值得骄傲的长处“间接传达”给暗恋对象。如果女生直接跟对方说“你不知道，其实我很温柔的”，对方可能还半信半疑，但要是从第三者口中说出“那女孩人特别好，性格特别温柔”的评价，对方十有八九会深信不疑，并在心中记住女生的这个迷人之处。

相似产生喜欢

我们对趣味相投或生活方式相似的人容易产生好感，这是我们人类的心理特征之一。最有吸引力的人是那些最像我们的人，而且相似性会产生满足感。当你发现某个独特的人与你拥有相同的想法、价值观和愿望时，当你发现心心相印的伴侣与你喜欢一样的音乐、一样的活动甚至一样的食物时，你就会更确信这一点。

哎，你知道吗？
毛毛好像喜欢小
白耶~
哦，是吗？
嗯！是！

眉目传情

大家都知道“眉目传情”的作用。两个人四目相对、暗送秋波，可以极大地增进彼此之间的感情。而且，初次见面的人过来客套寒暄或打招呼时，人们肯定都会最先注视对方的眼睛，从对方眼中可以洞悉他的内心。另外，在谈论重要的事情时，如果眼神游离，只盯着旁边看的话，对方会担心你没有理解他的意思。

这种与谈话对象视线相对的沟通方式叫做“眼神交流”（eye contact），利用这一方式也可以获得对方的好感。眼神交流的实验证明，我们平时谈话时，眼神对视一般相隔一秒左右，时间非常短。如果双方站在同一个方向，每次眼神交流的间隔为三秒左右。如果对视时间过久，会让对方认为你有话要说。对视超过三秒，会让对方觉得你有言外之意。

因此，我们要善于利用这种效果。比如，聊到兴致高时，注视对方一秒；想表达特殊的含义时，盯着对方看三秒。对方一定会注意到你的特别用意。

如果有机会和喜欢的人聊天，要学会眉目传情。很多语言无法表达的内容，眼神可以为我们传达。虽然眼神交流并不算非常主动的追求方式，但它会起到意想不到的效果。

吸引的公平原则

所谓吸引的公平原则，是指你和你的伴侣从感情中得到的应该和你们双方各自投入的成正比。如果两个人的所得相同，那么他们的贡献也应该相同，否则其中一方会觉得不公平。然而，如果夫妻指出自己期望对方做什么，这样的行为只会破坏双方的关系。只有当对方自愿做出某种正向行为时，我们才会把它归因为爱情。

聊得正欢的时候
对视一秒
盯着对方看
三秒
?

漂不漂亮很重要吗？

爱情剧的主角一般都是俊男靓女。那么实际恋爱中，漂不漂亮对异性来说真的这么重要吗？

为此，心理学家进行了一个“选择帮助对象”的调查。调查在美国的男学生中展开，请他们针对需要帮忙的事情从提供的女生照片中选出愿意帮助的对象。其中，需要帮忙的事情包括搬家具、献血、救溺水者和解救被困在火灾中的人。

调查的结果出奇的一致：无论帮什么忙，大多数男生都会选择漂亮的女生。由此看来，男性果然是更愿为美女效劳啊。

那么，女性是不是也如此呢？另一个“选择合作对象”的调查表明，女性往往会选择英俊的男士作为工作上的伙伴，对其貌不扬的男性一般不予考虑。

因此，从这两个调查结果来看，**无论是男性还是女性，都喜欢与漂亮的异性接触**。可以说，拥有美丽的外表有利于恋情的发展。“看俊男靓女的照片说出心情”的实验便正好可以印证这一点。这个实验的结果为：看到漂亮的异性，人们普遍表示心情舒畅；而看到漂亮的同性时，往往心情低落，并产生自卑情绪。而且，如果见面的第一眼异性间就互生好感，就有可能逐渐发展成恋爱关系。因此，外表美绝对不能忽视。在这样一个大家都追求美的时代，有些女性为了变美不惜重金来做美容和整形也是可以理解的。

唉，怎公是个男的……
美女！呵！

女朋友漂亮可以提高男性的身价

在电视剧或电影中，成功男士的身边往往都有美女相伴，这已成为司空见怪的场景了。可以说，美女的存在更能衬托出成功男士的身份和地位。

有一个关于“对人认知”的实验证明：如果身旁有一位美女佳人，男性的个人魅力会大大提升;相反，外貌平平的女友会“连累”男性，降低他的魅力值。

从这个结果也可以看出，男性身边的女人若是美女，更容易得到周围人的认可。这便是“光环效应”的作用。其实，人们判断一个人往往不会单看本人，还会综合他的相关信息。于是，出身好的孩子往往会受到重视，名牌大学的毕业生更容易找到好工作，有大企业工作经历的人能力更容易得到认可……

回到正题，如果身边的女性充满魅力，更能彰显出男性的社会身份。周围的人会认为能追到那么漂亮的女性，他自身也一定非常优秀。这大概是男性喜欢追求有魅力女性的主要原因。与此同时，这位女性也会因为被成功男士选中而提高自己的“身价”。可以说，恋爱的双方都充分利用了彼此的“光环效应”。

吸引力与约会

不管大家喜欢与否，的确存在这样的事实，那就是：年轻女士的外表吸引力可以中度预测她约会的次数，而男性的外表对他约会次数的预测力则要略小一些。而且，相对于男性，更多的女性表示，她们宁愿选择一个相貌平平但很热诚的配偶，而不是一个外表好看却很冷淡的人。整体上而言，女人倾向于因性格而爱上男人，男人则倾向于因外表而爱上女人。

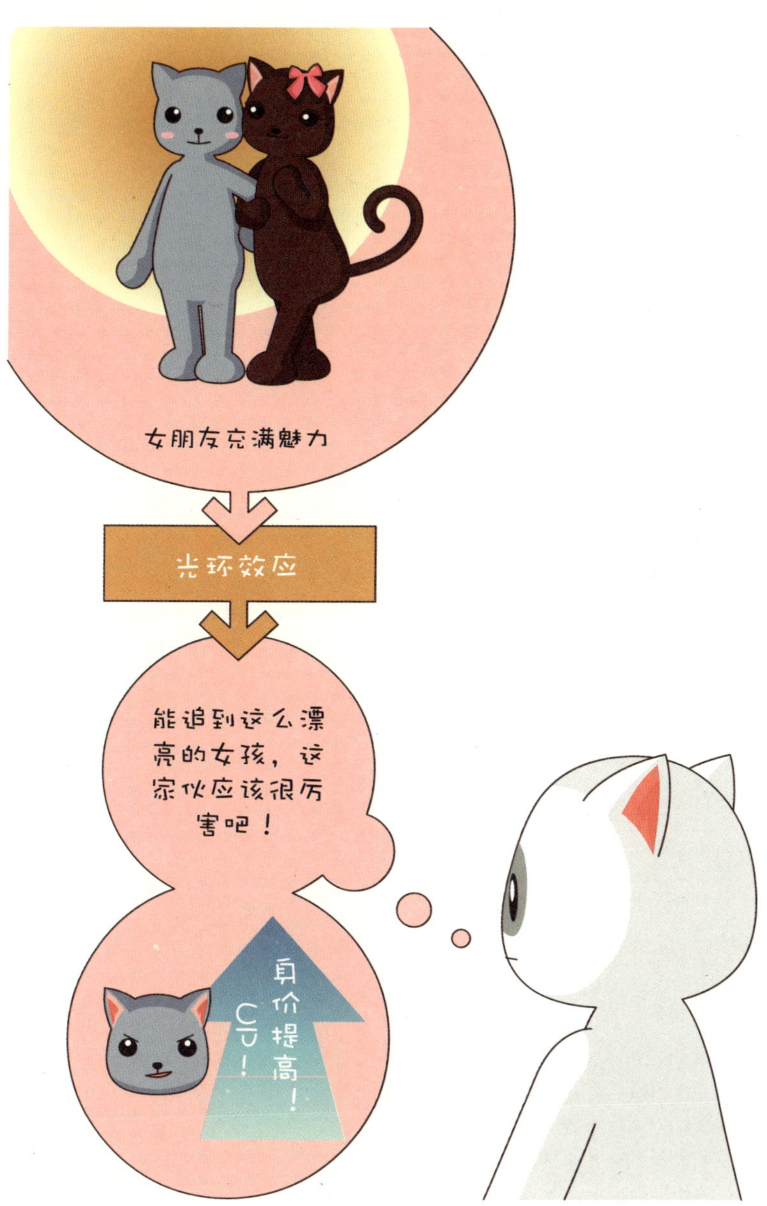
女朋友充满魅力
光环效应
能追到这么漂亮的女孩，这家伙应该很厉害吧！
身价提高！
UP！

“美女与野兽”难相处

爱情故事中经常出现的“美女与野兽”组合在实际生活中并不多见。相反，俊男配靓女才是主流。这个现象可以用“社会交换理论”来解释。

“社会交换理论”主张人类的一切行为都受到某种能够带来奖励和报酬的交换活动的支配，因此人类的一切社会活动都可以归结为一种交换，而人们在社会交换中结成的社会关系也是一种交换关系。由此来看恋爱，追求到一位魅力十足的女性做恋人，可以说是一个巨大的“回报”。

假设有一位“野兽”偏偏爱上了美女。他对自己的外表毫无自信，即他自身的回报率很低，出于这个原因，即使他发动追求的攻势也难逃被甩的下场。于是，“野兽”干脆放弃，这段感情就此终结。

那么，“野兽”该找个什么样的女朋友呢？如果对方是回报率很低的女性，他会觉得自己“吃亏”了，可是回报率太高的女性，他又几乎没有任何机会追到手。于是，在不遭到损失又能得到对等回报的心理下，他只有一个选择，那就是找一个和自己回报率差不多的女性。

从这个心理效应来看，外表美丽程度悬殊太大的人很难走到一起。所谓的“鱼找鱼，虾找虾”，说的就是这个道理吧。

外表吸引力的刻板印象

我们的观念中存在“外表吸引力的刻板印象”，即美的就是好的。其实，在我们很小的时候，就形成了这种刻板印象。例如，白雪公主和灰姑娘都是美丽的，也是善良的；女巫和继母是丑陋的，同时也是邪恶的。正因为如此，我们会认为漂亮的人拥有社会所需的某些其他特质，比如漂亮的人更快乐、开朗、聪明和成功。

漂亮又出身名门的大小姐，
会接受我这么平凡无奇的猫
的追求吗？
像毛毛这样的女
孩，我应该能追
到手的。

“电眼妹”为什么广受欢迎?

如果问男性：“你喜欢什么样的女生？”他们的回答大多都与眼睛有关。比如，“有水汪汪眼睛的女生”、“大眼睛女生”、“眼神温柔的女生”等等。由此看来，眼睛是男性判断女性的一个重要标准。

为什么眼睛有魅力的女生更容易让异性动心呢？因为从瞳孔中可以洞悉一个人的内心。一般来讲，瞳孔的大小会随周围环境的明暗发生变化。在明亮的地方，瞳孔会缩小；而在昏暗的地方，瞳孔会放大。心理学家通过实验证明，人在看到自己喜欢或感兴趣的事物时，会感觉眼前一亮，瞳孔也跟着变大。其中，男性看到女性的裸体照片和女性看到可爱的婴儿时，瞳孔最大。这是人的一种自然的情感流露。

瞳孔闪闪发光的女生无论与谁四目相对时，似乎都在传达“喜欢”或“感兴趣”的信号。于是，男性会感觉女孩对他的印象不错，自己在女孩眼中也充满魅力。

为了进一步证明，心理学家又将同一位女性的照片给男性实验者看，其中一张瞳孔闪闪发亮，另一张则暗淡无光。当这些男性观看女性瞳孔发亮的照片时，自己的瞳孔也跟着变大，闪耀出光芒。由此看来，“电眼妹”也有可能把男性变成“电眼男”。

瞳孔闪闪发亮
瞳孔暗淡无光
瞳孔跟着变大变亮
只有遇到自己感兴趣或喜欢
的东西才会这样。

语言之外的表达可以传达 93% 的好感

向暗恋对象表白是一件非常需要勇气的事情。有人认为一旦喜欢就应该马上发起爱的攻势，可是很多人往往都开不了口。其实，爱慕之情不用语言也可以表达。通过“对人揣度好感度”的实验，得出了以下结论：

好感（100%）= 语言（7%）+ 声音（38%）+ 表情（55%）

也就是说，判断对面的异性是否喜欢自己，93% 都是通过“语言”之外的“声音”和“表情”传达的。这种表达感情的方式叫做“非语言表达”。

无论说多少遍“好喜欢你”，如果说的时候表情生硬、紧皱眉头，或者满脸谄笑，对方又会相信多少呢？如果态度诚恳、眼神温和，同时露出自然亲切的笑容，那么即使我们不把喜欢说出口，对方也能感受到我们的真心。

其实，默默地将感情隐藏在心底，即使不说出来，也会因为非语言表达而最终泄露秘密。

坏事比好事更有影响力

在日常生活中，坏事总是比好事更有影响力，而且影响更持久。比如，丢了钱给人带来的不安，远胜于得到同样多的钱所带来的快乐；冷酷的言辞比甜言蜜语能持续更长的时间等。另外，坏事还会带来好处，那就是让我们作好准备去面对危险。从这个意义上讲，对于生存来说，坏事变坏比好事变好对我们产生的影响更大。

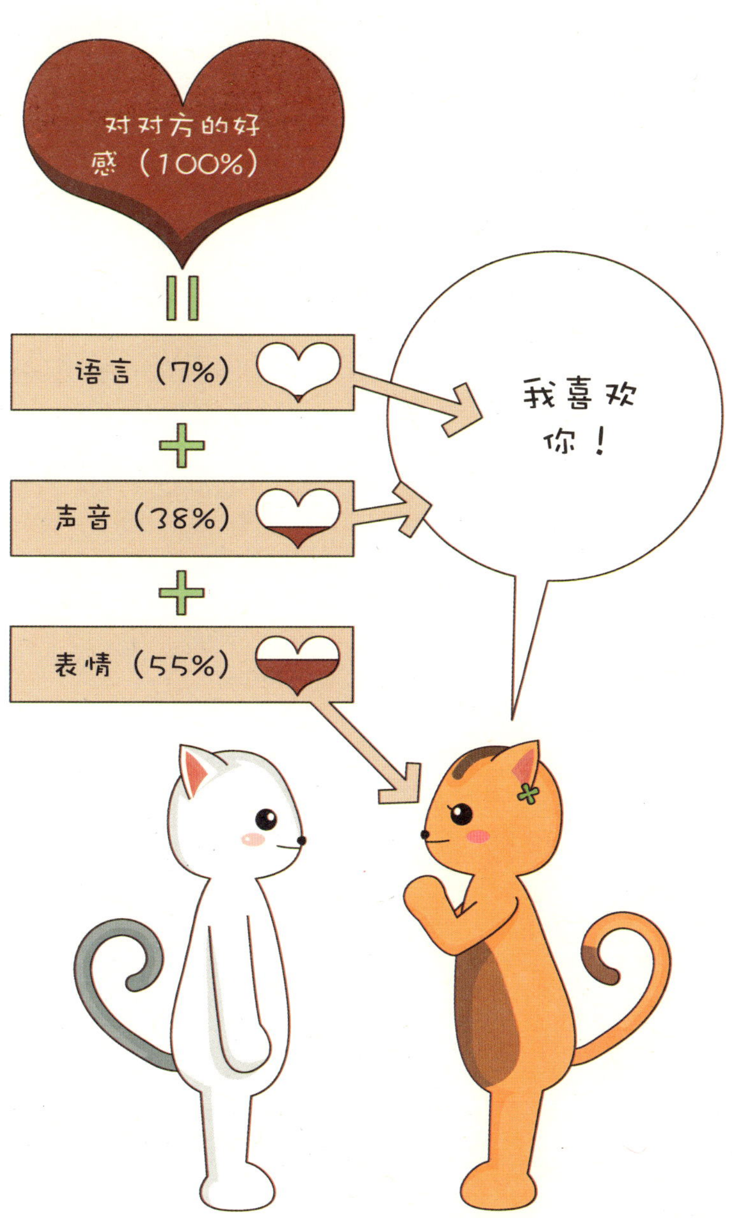
对对方的好感（100%）
=
语言（7%）
+
声音（38%）
+
表情（55%）
我喜欢你！

“不用表白”的表白方式

使用非语言表达，不仅可以向对方表达自己的爱意，还有助于爱情的顺利发展。通过表情和动作等表情达意的方式，叫做“肢体语言”。肢体语言对于恋爱的发展有意想不到的效果，具体表现为以下四个方面：

1. 感情交流

之前介绍过，通过表情和适当的身体接触，可以非常自然地向对方传达“我很关心你”、“我对你有好感”等想法，起到感情交流的作用。

2. 调整谈话气氛

对方在侃侃而谈时，我们一边点头一边表示赞同，对方会感到我们在认真听他讲话，因而更愿意说下去。相反，如果希望对方倾听我们的叙述，可以稍稍将身体前倾，引起对方的注意。

3. 表达真心

看着对方的眼睛，露出腼腆的微笑，这样可以让对方读出你的真心。

4. 引导对方

微笑和点头代表你肯定对方。与此同时，你也向对方传达了“我非常理解你”、“我站在你这边”的信息，由此可以进一步加深你们之间的关系。

因为肢体语言有这样意想不到的效果，当喜欢的人站在你面前时，如果你紧张得说不出话来，不妨借助丰富的动作和表情来表达情感。

1
感情交流
自然而然的身体接触可以传达“我很关心你”、“我对你有好感”等信息。

2
调整谈话气氛
聊天时，我们一边点头一边表示赞同，对方会感觉到我们在认真听他讲话，因而更愿意说下去。如果希望对方倾听我们的叙述，可以稍微将身体前倾，引起对方的注意。

3
表达真心
看着对方的眼睛，露出腼腆的微笑，这样对方就可以读出你的真心。

4
引导对方
微笑和点头代表你肯定对方，与此同时，还传达了“我非常理解你”的信息。

心的距离与身体距离成正比

人与人之间的距离因两个人关系的远近而不同。和上司、好朋友、自己的另一半之间的距离，肯定各不相同。人类学家将人与人之间的距离分成了以下四个等级。

公共距离（3.3米以上）

这个距离通常用于满足人们在公共场合的空间需求，而且这是一个几乎能容纳一切人的空间。除了在比较拥挤的公共场所，如公共汽车上、地铁上、电梯里、超市里等，人与人之间的距离一般都保持在3米以上。

社交距离（1.2米～3.3米）

这个距离通常适用于一般关系的人际交往，表现为一种比较正式的交往关系，比如工作关系。上司和见过几次面的人都在这个范围内。这个距离让人们之间既能无障碍地进行交流沟通，又能确保人们保护自己的隐私和安全。

个人距离（0.6米～1.2米）

这个距离常用于一般朋友和熟人之间，如与朋友聊天、和熟人握手问好等。一般而言，个人距离和后面要说到的私人距离都在私人情境或非正式社交情境中使用。

亲密距离（0.6米以内）

这是人际交往中的最小距离，仅限于关系非常密切的人之间，如恋人、夫妻、母子、知己等。如果有陌生人闯入这个空间，人们常常会感到不安或不舒服，因而恋人们常常以此距离作为判断感情亲密程度的依据之一。

亲密距离设定的范围就好比是每个人自己的领地，未经允许的人一旦跨入这个区域，就会让我们产生不舒服的感觉。例如，在拥挤的火车中，与素未谋面的人挤在一起，会让人心生不快。相反，如果对方是恋人或自己喜欢的人，这种个人领地的意识就会消失。无论离得多近，都不会产生不愉快的感觉，而且丝毫不会有抵触情绪。

那么，如果想和关系比较好的异性有进一步发展的可能，建议你试着进入对方的亲密距离之内。如果对方没有表现出不愉快，说明你们有戏哦。

公共距离（3.3米以上） 大众关系。和与自己不相关的人之间的距离。换言之，在此距离范围内的都是与你无关的人。

社交距离（1.2米~3.3米） 工作关系。关系不是很密切的人之间的距离。上司和见过几次面的人都在这个范围内。

个人距离（0.6米~1.2米） 私人水平。一伸手就能够到的距离。包括熟人和好朋友等。

亲密距离（0.6米以内） 可以有亲密接触的关系。可以互相倾诉内心秘密的距离。恋人、夫妻等都属于这个范围。

性感是最强的武器

女性往往对爱情充满幻想和期待，会在心中描绘出很多梦想。比如，想和恋人一起去某个浪漫的国度旅行，希望恋人像对待公主一样珍惜自己，期望恋人经常在耳边轻声细语地说“我喜欢你”、“ 我爱你”等等。

可是男性如何看待爱情呢？与女性不同，**男性往往发自本能地追求“性感”，满足自己对于“性”的渴望**，因而他们更容易因“性”生爱。当然，这个过程可能因人各异。有的男性会直接寻找性感辣妹，有的则寻找性格温和顺从、看起来不会拒绝自己要求的女性。不管是哪一种，都可以肯定的是男性是从追求“性”的角度出发的。

这听起来好像男性过于注重本能，但女性恰好可以利用男性的这种本能来吸引他们。通过对男性发出性感的诱惑，来钓男人“上钩”。比如，适时做出略带挑逗的眼神或性感的动作，装做一副什么都会顺从他的样子等，都会让男性对你欲罢不能。当然，诱惑只是第一步，不能马上就答应他的求爱。钓上钩之后，还要一步步地俘获他的真心。

喜欢身体富有魅力的异性

大多数人对身体富有魅力即容貌好的异性，会产生好感。与容貌好的人交往，人会感觉自身的价值得到了提高，虚荣心得到极大的满足。此外，与容貌好的异性发生性行为，可以使人在精神上得到更大的满足。而且，希望自己的后代遗传到俊美的容貌也是人类的本能。

好性感
啊！
我很性感吧，还
不快过来~~

寻找双方的共同点

与我们有相似点或共同点的人，我们总会不知不觉地对其产生好感。例如，来自同一个地方或有着共同兴趣爱好的人，不论同性还是异性之间，这些共同点都会使两人的关系变得亲密。

首先，有共同点**会让人感觉很放心**，很快就会放松戒备，进而缩短两个人之间的心理距离。

其次，有共同点**有助于增加相互间的了解**。老乡、校友、出生于相似的家庭或从事相同的职业等这些相似或相同的因素，会让两个人很轻易地打开心扉，进行深入的交流。

最后，有着共同的爱好或喜欢同样的东西，**会增加两个人的共同话题**，在一起聊天也会变得更加愉快，渐渐就对对方产生好感。而且，在聊天的过程中，双方会因彼此的价值观有共通之处而产生共鸣。不仅如此，这样的聊天方式还会提高彼此的认可度，从而提升自信。也许，刚开始两人只是喜欢相同的东西，最后发展成有心灵共鸣的好友。

那么，如果与自己喜欢的人没有任何共同点该怎么办呢？在对方叙述自己的爱好时，你的肯定也可以起到积极的作用。比如，“你的爱好好像很有意思，可不可以教教我？”“你对电影真有研究啊，能不能给我推荐几部好电影？”类似这样共鸣或赞美的话语，会使对方马上感觉与你更亲近了。

对方心中有你可以理解的地方，因而感觉到安全感。
心中认可对方
心理距离立刻缩短
啊！小白老家也是“流浪岛”啊！我也是哦！
毛毛也是？！太巧啦！

偶然邂逅却成了“真命天子”

很多人的恋人都是学校的同学或公司的同事，这是经典的爱情模式之一——“突然发现幸福就在自己身边”。其中有一定的心理原因。

有这样一个心理学实验可以为证。选择美貌程度相当的四名女生，请她们去某大学旁听一门课程，并记录各自出席的次数。等到学期结束时，分别向男生出示这四名女生的照片，让他们选出个人认为最有魅力的女生。结果，大多数男生都选择了出席次数最多的女生。

这是个验证“**单纯接触原理**”的实验。实验证明，人对见过次数越多的人，越会不知不觉间产生好感。因此，很多人选择身边的人作为恋人或终生的伴侣并不是偶然的，是“单纯接触原理”发生作用让两个人日久生情。

如果你有暗恋的对象，要尽量增加与对方见面的机会。如果对方是学校的同学，可以想方设法混入他（她）的社交圈子；如果对方是职场的同事，可以调整自己的上下班时间与对方一致，争取在路上碰面。不管怎样，就是要多见面。即使见面没聊什么很重要的事情，仅仅只是经常见面，也会增加彼此的好感。而且，电话和短信的效果都比不上见面。

在制造的机会见面时，还可以说一些“我们经常见面哦”“真巧啊，又见到你了”之类的话。通过逐渐地推销自己，会在对方心中慢慢占据一席之地。

毛毛，我们
最近总能遇
到呀！

最后决定输赢的果然还是"内在"

为了在恋爱中修成正果，我们往往会把自己打扮得很漂亮，以迎合喜欢的异性。然而，**决定能否成功收获爱情的最重要因素是性格。**

在下一页下方的图表中罗列出了女性恋爱成败的各个因素，以及各个因素分别在恋爱成功和失败中所占的百分比。从中可以看出，不论恋爱是否成功，"性格"所占的比例都要高于"美貌"，位居第一。

在另一项关于"男性在追求恋人时最看重什么"的调查中，"性格温柔"的得票要高于"美貌"，位居第一。那么，女性在追求恋人时又最看重什么呢？调查的结果显示，"外表英俊"并没有跻身前五位。

恋爱开始的第一步往往是给对方留下美好的第一印象，这一点毋庸置疑。然而，要赢得爱情还是要依靠内在的魅力。光鲜的外表可以带来一段浪漫的邂逅，但无法使爱情变得深厚而稳固。因此，体谅对方、提高自身素养等这些内在的提升才是恋爱中最重要的。

恋爱可以使人成长，使人领悟。而好的恋爱让人更加成熟，更加富有人格魅力。所以，与其抱怨"我不漂亮所以找不到男朋友"或"女人只喜欢帅哥"，不如修炼自己，提高自身素养。这才是通往恋爱成功之路的关键所在。

女性喜欢的男性类型

1. 认真工作的男性：男性努力工作的样子，会使女性联想到安全感和可靠感；2.高收入的男性：嫁给收入高的男性，在物质生活方面将后顾无忧，自己和子女也能过上稳定富足的生活；3.稍微年长的男性：很多女性认为比自己小或同龄的男性"靠不住"；4.聪明有教养的男性；5.认真对待男女关系的男性。

恋人最看重的五大要素

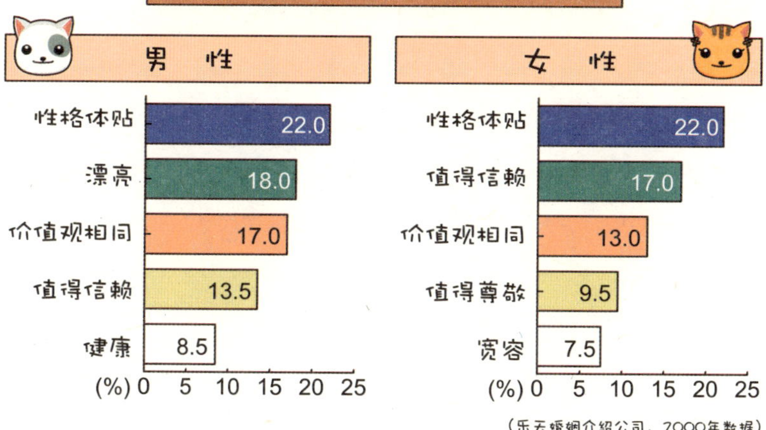

恋爱成功与失败的原因

成功
失败

(%) 0 5 10 15 20 25 30 35 40

宗世门第　能力才干　容貌　性格　毕业学校　能力　磨合　共同话题　恋爱环境　运气　缘分

女性恋爱成功的原因中，第一位为性格，其次是容貌、运气、缘分等因素。恋爱失败时，大多数人认为是性格和容貌的原因，其次是两个人没有磨合好。（调查人：齐藤，首次公示数据）

恋爱心理术小结②

★好感具有互惠性。希望博得心仪异性的好感，首先要表示自己的好感。

★要引起心仪异性的注意，最简单有效的方法就是投其所好。

★如果担心把心上人吓跑，可以利用“登门槛效应”，从较小的约会请求入手。

★心上人心情跌入谷底或自尊心严重受挫时，正是你发出邀请的绝好时机。

★向心上人进行“自我告白”，提升好感度，增进亲切感。

★不知如何将“爱”说出口吗？巧用传言和眉目传情便是“蹊径”。

★关于恋爱，外表漂亮好处多多。

★根据恋爱中的“匹配假说”，找和自己外貌程度相当的异性谈恋爱最靠谱。

★恋爱中，语言之外的表达可以传达93%的好感。

第3章

维持恋爱长久的技巧

什么样的恋爱可以天长地久？爱情关系的八种类型中，哪种最稳固？该用什么方式来为爱情保鲜？争吵和感情亮红灯时，应采取什么对策？遭遇第三者插足时，又该如何应对？

这样的恋爱才能长久

恋爱中的情感有多神秘呢？按照心理学的解释，恋爱包含以下三个要素：

1. 亲密：重视彼此的喜欢、理解与期待，决定两个人情感纽带的牢固程度；

2. 激情：魅力与性吸引，关系到相互迷恋的程度；

3. 承诺：愿意爱对方，并决定长相厮守，是对彼此的牵制。

这就是爱情的三角形理论。当这个三要素都具备时，两个人之间的恋爱关系最稳固。不过，在不同的恋爱关系中，这三个要素的强弱不一定相同。而且，同一对情侣在不同的恋爱阶段，这三个要素的强弱也不同。

根据这三个要素在爱情中的强弱程度，可以把人类的爱情关系分为八种类型：

1. 完美之爱 = 亲密 + 激情 + 承诺

2. 喜欢之爱 = 唯有亲密

3. 迷恋之爱 = 唯有激情

4. 空洞之爱 = 唯有承诺

5. 浪漫之爱 = 亲密 + 激情

6. 伴侣之爱 = 亲密 + 承诺

7. 愚昧的爱 = 激情 + 承诺

8. 无爱：三者都很弱。

随着交往时间的增加，相恋的两个人可能会逐渐迈入同居或结婚的阶段。在情感变化的过程中，两个人之间的感觉也会发生变化。如果想向着更好的方向发展，需要两个人经常巩固彼此之间的感情。

恋爱三要素的重要性变化

美国心理学家罗伯特·斯滕伯格（R.J.Sternberg）认为爱的三要素其重要性会发生如下变化：在恋爱初期“激情”最重要，之后“亲密”占据上风，到了最后阶段“承诺”成为最强有力的因素。

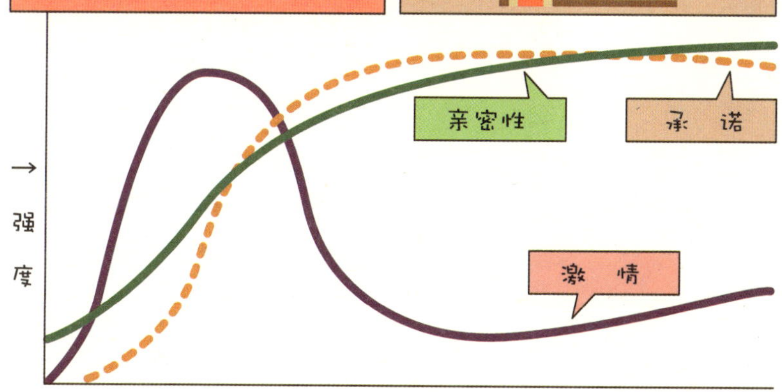

能否维持长久的恋爱关系

人与人交往中形成的人际关系，大体可以分为以下两种类型：

1. 交换性的人际关系

通过得失来判断是否继续交往。属于这类人际关系的人很在意“施与(give)”和“得到（take)”是否对等。

2. 共同性的人际关系

不考虑得失，以帮助别人为乐，信奉相处时开心就好。

重视建立交换性人际关系的人，也许在商界比较容易获得成功。然而，在恋爱关系中，保持“共同性人际关系”的人才能使恋爱变得长久。

“喜欢”是一种情感，不能当做一种交易来衡量。两个人对彼此的爱多少都会存在程度上的差异，如果非要百分百地要求付出与回报对等，两个人势必会发生摩擦，影响感情的顺利发展。相反，有的人认为只要对方快乐自己就快乐，处处都为对方着想。这样的恋爱，因为不计较得失，往往可以修成正果。

接下来，我们再来分析一下重视交换性人际关系的人的恋爱观。他们想得到更多的爱时，不仅对对方百般呵护，还不惜重金给对方买昂贵的礼物。在关键时刻，甚至和对方寸步不离，真是竭尽所能讨对方欢心。然而，贵重的礼物和面面俱到的照顾并不意味着爱情就会加深。其实，爱情是更加复杂、更具“内涵”的事情。

在得不到对方爱的“回馈”时，重视交换性人际关系的人会觉得愤愤不平：“我对你那么好，你怎么就不能回报我一点呢？”于是，可能会由此引起口角，甚至埋下分手的隐患。

另一方面，**能够维持长久恋爱关系的人，往往都重视建立“共同性的人际关系”**。他们往往不计较在恋爱中付出多少、得到多少，而是只要对方感到幸福自己就会幸福。

符合三个以上的 → 交换性人际关系类型

有三个以上不符合的 → 共同性人际关系类型

语言表达可以加深感情

前面谈论过"非语言表达"的重要性。这次，我们来讲讲对于加深关系来说也同样重要的"语言表达"。

因为一时冲动而决定交往的恋人关系往往会随着时间的流逝而慢慢淡化。此时，当事人是继续为爱情保鲜，还是放任不管让爱情自生自灭，这都取决于他（她）的语言表达能力，而**借助语言表达进行的精神上的深层次沟通正好可以为爱情保鲜**。

精神上的深层次沟通都要付诸语言来实现。不爱交流的情侣，往往无法深入了解对方的内心世界。只有相互间加深了解，才能使两个人的关系进一步加深。不论恋爱还是其他人际关系，都是如此。

在恋爱关系中，仅仅精神上的沟通是不够的。"性"满足感的实现同样离不开语言表达。针对"性行为与心理活动"对情侣进行的心理学调查发现，语言沟通对于实现"性满足"有非常重要的作用。经常进行语言沟通的情侣，会十分坦率地告诉对方自己对于性生活的想法，进而使性生活更加和谐。而且，和谐的性生活对恋爱关系的保鲜也同样重要。

女性的非语言交流能力很强大

有人认为，女性在育儿的过程中，要了解还不会说话的婴儿的需求，就必须借助非语言交流能力进行判断。例如，孩子肚子饿了会是什么表情？尿片湿了又会怎样哭闹？对于这些，女性只能通过婴儿的表情和行为进行判断。经过如此的反复锻炼，女性的非语言交流能力自然变得十分强大。

亲密的人之间也有聊天规则

之前刚刚讨论过恋人之间需要多聊天、多进行沟通，但是也不能口若悬河没个限度，这样会让对方渐渐厌烦，结果只会适得其反。

聊天其实是有规则的。不论多么亲密的关系，聊天时都要遵守这些规则。或者说，越是不需要忌讳的关系，越需要规则来约束。接下来，介绍一下聊天中的四个基本原则：

1. 聊与彼此相关的话题

选择与两人都有关的话题，是聊天最基本的原则。相反，如果一直说对方完全不懂的事情，很快就会陷入冷场的局面。

2. 聊天需要互动

偶尔能看到情侣中只有一方在滔滔不绝的情形，这样的聊天无法长久维持下去，总是扮演听众的一方慢慢就会失去兴趣。

3. 不要忘记理解对方

聊天的过程中，不要忘记互相理解，一方要更多地去了解对方的想法。这样不仅有助于聊天的顺利进行，还能实现聊天应有的目的。

4. 不要沉默

对于对方说的话，要及时表示附和或者点头肯定。如果只是沉默不语，就等于忽视对方，这无异于一种伤害。

严格遵守以上四个原则，就能够实现互相理解、加深感情的目的，聊天的过程也会变得更开心和更畅快。

1 聊与彼此相关的话题
"再回首大街"那里有家精品店
他家还有条可爱的狗狗，对吧？
选择与两人都有关的话题，是聊天最基本的原则。
2 聊天需要互动
只有一方在滔滔不绝，扮演听众的另一方慢慢就会觉得太无聊了。
3 不要忘记理解对方
我想多了解一些你的事情……
不要忘记互相理解，一方要更多地去了解对方的想法。
4 不要沉默
嗯……
嗯……
是吗？原来是这么回事啊！
对于对方说的话，要表示附和或者点头肯定。如果只是沉默不语，就等于忽视对方，这无异于一种伤害。

身体接触可以加深感情

不经意的身体接触不但可以增进恋人之间的亲密感，而且有心理实验证明，还有助于加深彼此之间的感情。

心理学家曾拜托图书馆的女性工作人员，在男生来借书时，装作不经意地碰一下男生的手。然后，心理学家会在图书馆的出口处询问他们的感受。结果，这些男生基本上都表示不记得有这回事。然而，询问女性工作人员的感受时，她对碰到手的男生的印象要比没有碰到手的男生的印象好得多。由此看来，身体接触会在无意中影响对对方的印象。

无论男性还是女性，在恋爱的开始阶段，都会经常牵着彼此的手，或者深情相拥在一起。然而，随着时间的推移，这种热情会逐渐消减。尤其是男性，在恋爱刚刚开始时，还非常愿意牵着女孩的手或搂着她的肩走路。可等到结婚后，就很少再有这样亲昵的举动。相反，此时多是妻子主动接触丈夫。其实，**男性是为了提高双方的亲密度而主动接触女性，而女性则是当亲密度提高到一定程度后，才会主动接触男性。**

因此，如果恋人或夫妻之间想一直保持亲密的关系，就不要忘记经常要有身体接触。身体接触不仅暗示着性爱，还有助于沟通感情，进而给彼此带来安全感，让两个人的心紧紧地贴在一起。

婚姻的优点

有调查结果显示，关于婚姻的优点，不论男女，回答占前三位的分别是“使生活稳定下来”、“可以得到子女和家庭”以及“能和心爱的人生活在一起”。除了以上共通的三点之外，还存在一定的男女差异，其中男性选择较多的有“结婚后不再寂寞”，女性选择较多的则是“经济方面会比较稳定”。

想提高亲密度才
发生身体接触
喜欢与亲近的人
发生身体接触
身体接触是沟通
心灵的纽带

适当的嫉妒可以提升爱的价值

嫉妒是一种让人痛苦的感情，但利用好了就可以成为恋爱中的重要调剂。当发觉自己的另一半不像以前那样总能流露出甜蜜的表情时，可以利用嫉妒让对方更加珍惜两人得来不易的感情。想确认相处多年的恋人是否仍然爱着你时，可以制造自己还很抢手的假象来试探他。你可以说"有个学长约我今晚一起吃饭"或者"今天某某向我告白了，怎么办好呢"之类的话，稍稍刺激一下对方的嫉妒心。如果对方表现出不知所措的样子或者露出生气的表情，说明你在他（她）的心里占据着非常重要的位置。之后，他（她）会表现出更加强烈的爱意和占有欲。

其实，这是利用其他异性对自己的好感来提高自己在恋人心中地位的方法。借此可以让对方重燃爱情之火，再次认识到你对他（她）来说是不可替代的存在，并激发起强烈的占有欲。

如果是女性，当男朋友使出这一招时该怎么办呢？或者发现他与别的女孩关系暧昧时，又该如何处理呢？遇到这两种情况时，很多女生只会通过生气或愤怒来表达自己的嫉妒。可是，光是生气、愤怒是无济于事的，也许还会使两个人的关系陷入僵局。这个时候，眼泪可以发挥神奇的作用。眼泪代表悲伤，能够让对方回想起你们之间原有的爱，比愤怒更加有效。也许，还会使对方后悔而立刻自我检讨。

毛毛的重要程度
绝对不会放手，
她只属于我！
花猫学长
邀请我了
激起占有欲
哼！你说
什么？！
欧耶！他吃
醋啦！

如何在三角恋中取胜

真正令人妒火中烧的，恐怕不是上一节说到的“爱情调剂”，而是三角恋情。发现恋人还和自己以外的异性交往时，当事人一定会焦躁不安、心烦意乱。如果能冷静下来客观地去确认，也许会发现并没有什么大不了的。恋人既没有心猿意马，也没有劈腿的倾向。可是，一旦吃过一次醋，心里就会多一分猜疑。即使是对方一个无意识的举动，也会令当事人草木皆兵。

当感觉对方形迹可疑时，当事人要先冷静地观察一段时间。**如果发现证据确凿，则要及时将感情危机扼杀在摇篮中。**而且，遇到这种情况时，最简单的方法其实最有效。那就是，摆出一副客观评价的姿态，不经意地去批判情敌的缺点，在潜移默化中让恋人认同“好像是这样的”。

用这一招来对付男性特别管用。根据我们之前讲到的“光环效应”可以知道，男性都希望自己身边的女性非常优秀，借此可以提高自己的身价。因此，如果他劈腿的女性一看就让人倒胃口的话，肯定慢慢就厌倦了。这类批评的话语如果出自旁人，更具有可信性。

第三者不会轻易放手

在三角恋开始之初，第三者很清楚“这种恋爱本来就是不可能有好结果的”。因此，最初对对方的要求并不高，认为不会给自己造成太大的伤害。然而，随着恋爱的发展，第三者同样会提出比较高的感情要求。而且，已婚的异性是“别人的东西”，因为这种嫉妒会产生强烈的占有欲。最后，只有将已婚的异性据为己有，第三者才能得到极大的满足。

好像真的是
这样……
那两个人的关
系好像有点不
对劲……
小琪挺可爱的，不
过听说她似乎对谁
都很热情。

恐惧可以让爱情升温

游乐园的鬼屋一直以来都是恋人们约会必去的地方。可是，鬼屋里不仅没有甜蜜气氛，还常常令人毛骨悚然，为什么还有那么多恋人都热衷于约会时去那里呢?

这就要说到“亲和需求”了。所谓“亲和需求”，即追求友善及亲密的人际关系的需求，通俗来讲就是一个人想和另一个人在一起的一种心理需求。人在独处时，常会感到不安；当有朋友陪伴，就安心多了。而**这种“亲和需求”恰恰在遇到恐惧时会变得更加强烈。**接下来，通过实验来证明。

共有两组女生参加实验。实验人员会对第一组的女生说，下面要进行一个小小的电击实验，实验过程中只是有点痒而已，请尽管放心。对第二组的女生则要说，实验中会有疼痛感，但不用担心会留下疤痕，以此来激起她们的恐惧感。

在实验开始前，让两组女生选择等候的房间，有多人间和单人间两种选择。结果，第一组没有恐惧心理的女生大多认为哪种房间都行，然而被吓到的第二组女生大多都选择多人间。由此看来，正是因为恐惧心理的刺激使人产生了强烈的“亲和需求”，以至想找个人一起度过实验前的恐惧时间。

如果想与恋人一直保持亲近的关系，可以偶尔利用一下恐惧心理来刺激“亲和需求”的产生。这一招绝对很管用，会让两个人之间的心理距离立刻缩短。恋人们约会时喜欢去鬼屋，大概也是因为知道这个秘诀吧。

恐惧可以刺激
“亲和需求”

吵架过后是和好的黄金期

无论感情多好的情侣，也难免出现一些小摩擦。如果一方明明心中对对方的一些做法不满，但为了避免争吵就选择忍耐的话，反而对双方的感情发展不利。长期下去，两个人会因为缺乏精神上的沟通，使得感情的鸿沟慢慢加深。因此，不要害怕发生矛盾，关键是如何在闹矛盾后重归于好。

根据心理学家对情侣们作的调查发现，发生矛盾后的“相互作用”（即对矛盾本身进行的交流）非常重要。争吵后马上就能和好的情侣，大多在矛盾发生后就表示出对对方的理解，并积极站在对方的立场上思考问题。这是一种积极的“相互作用”。此外，夸奖对方的优点、保持微笑、饱含爱意地抚摸等也可以起到积极的相互作用。

对调查结果进一步的分析后还发现，懂得和好艺术的恩爱情侣和争吵后习惯冷战的情侣之间的比例是 5 ∶ 1。由此看来，生活中还是懂得和好艺术的情侣居多。

相反，否定对方的看法，嘲笑、挖苦甚至侮辱对方等，都会起到消极的“相互作用”。虽然争吵之后马上就向对方示好很难，但是要知道，**和争吵本身相比，往往是之后的恶劣态度造成了两个人之间的情感破裂。**所以，情侣间即使不能马上达成意见统一，至少要向对方表示理解。不要因小失大，错失自己的真爱。

争吵之后要营造积极的“相互作用”

感情亮红灯时的应对策略

与恋人进行情感上的沟通时，有时需要使用一些小策略，比如“情感操控法”。这里所说的“情感操控法”，是指通过表达自己的感情来抓住对方的心。

用热烈的语言来表达自己的爱慕之情，也是“情感操控法”的一种。不过，这里我们暂且先讨论遇到对方变心或有劈腿的倾向时该如何操控情感局面。

首先，**哭着倾诉自己有多么爱他**，对他有多么好，以此来唤起对美好过去的回忆，进而让他内心动摇，放弃劈腿的想法。无论是谁，都讨厌对别人的心思左猜右想，喜欢直率地表达自己的喜怒哀乐的人。因此，最直接的表达往往很重要。

其次，放下架子，**诚恳地倾听对方的想法**。这种“谦卑”的态度可以博取对方的同情，即使多么狠心的人也很难将分手说出口。

第三，**装出最近好像很受异性欢迎的样子**。比如，总是约会不断，总有热心人特意安排相亲等，以此来激起对方的嫉妒心。只要对方还能心生醋意，就表明他不会轻易放手，肯定会回到你的身边。

此外，也可以**将自己不安的想法和盘托出**。比如，很直白地告诉他：“我实在太喜欢你了，一想到要离开你就心如刀绞。”对方听后也会认真地考虑，而且一般都不忍心让这么爱自己的人受伤。

走向离婚的过程

两个人从相知相恋到结婚组成家庭，感情经历了从爱情到依恋的转变。以前从对方身上“看不到”的缺点也逐渐暴露出来，相互间难以容忍。随后，出现的各种问题导致彼此心中的不满越积越多，直到最后爆发导致了离婚。据调查，离婚与婚前恋爱的时间长短没有直接联系，因此无法判定离婚一定是当初草率结婚的恶果。

我好喜欢你，
小白，如果分
开我会难受得
不得了！
不能让这么爱
我的女孩子受
伤害！

通过“标记行为”表现占有欲

无论是谁，想必都有将心爱的人据为己有的想法吧？这就是所谓的“占有欲”。按理说，占有欲应当偷偷地藏在心里，不向其他人表露。然而，很多人却肆意表现自己的占有欲，想尽办法干涉恋人的自由。例如，将周围的人聚到一起，然后公然宣布：“这是我的女朋友，你们谁也别再打她的主意。”这是占有欲非常典型的一种表现。此外，送恋人情侣对戒或对表，也将占有欲表露无遗。

送情侣对戒或对表的行为被称为“**标记行为**”。说到“标记行为”，大家是不是很自然地就联想到小狗喜欢四处撒尿标记自己地盘的动物习性？其实，恋人之间的标记行为的含义与小狗无异，**是对情敌的一种恐吓和警告**。

标记行为中还包括穿情侣装，在公共场合手牵手，搂着肩走路等。这些行为表面上看是爱情甜蜜的象征，实际上还是防止恋人偷腥的小策略。想来也是，恋人都被“做标记”了，再有新的邂逅或者发展新的恋情的机会就少了。

不过，热恋的两个人之间往往眼里只有对方，借助相互的“标记行为”可以大大增强幸福感。

“恐婚症”的原因

“恐婚症”的原因因人而异，但大多是对即将出现的“变化”感到恐惧而造成的。结婚是人生中的一件大事，人越是在乎想的就越多。比如，婚后自己的时间安排、金钱使用等都将发生改变。其中，要和公公婆婆一起住，是女性惧怕结婚的一大原因；而男性多是因为惧怕被婚姻的责任压垮而患上“恐婚症”的。

这个人是我的
恋人，别再打
主意了！
标记行为

恋爱心理术小结③

★要使爱情天长地久，要巩固爱情的三要素——亲密+激情+承诺。

★能够维持长久恋爱关系的人，往往都重视建立“共同性的人际关系”。

★在恋爱关系中，精神上的沟通和“性”的满足同等重要。

★亲密的人之间聊天，也要遵循“四个基本原则”。

★恋人或夫妻间想一直保持亲密的关系，就不要忘记经常要有身体接触。

★当爱情变得平淡无奇时，可以利用嫉妒来激发恋人的爱意和占有欲。

★和争吵本身相比，往往是之后的恶劣态度造成了两个人之间的情感破裂。

★恋人间的感情亮红灯时，应对的策略有四大要点。

★恋人间的“标记行为”可以大大增强幸福感。

第4章

恋爱和结婚是一回事吗?

恋爱的条件不等于结婚的条件，从恋爱到结婚的SVR理论，异地恋的情侣最好闪婚，恋爱主导权在女而结婚主导权在男……对这些大家都关心的问题，本章为您刨根问底。

恋爱的条件≠结婚的条件

为了收获美满的爱情，女性往往会付出很多努力。例如，为了变得更漂亮，不惜付出高昂的金钱代价；为了让身材看起来曼妙多姿，可以不辞辛苦锻炼减肥。不仅如此，女性还要时刻紧跟时尚和当今的流行趋势。而且，与心仪的异性聊天时，为了抓住对方的心，有时还要刻意装出一副献媚取宠的模样。不仅女性追求爱情时如此，男性为获得异性的芳心也会绞尽脑汁。

可是，仅靠这些努力付出和参照一些恋爱技巧就可以促成婚姻吗？心理学家作过一个关于“会选择什么样的异性做配偶”的调查。调查的结果显示，无论自身的收入和文化程度等条件如何，大多数女性都会选择高收入的男性做配偶。正如下一页的图表所示，在日本，年收入越多的男性已婚率越高，而且不同年龄段的男性都如此。

其实，女性对结婚对象和恋爱对象的标准完全不同。恋爱的时候，女性都希望自己的男朋友拥有帅气的外表、在一起时只要开心就好等等。然而，到了谈婚论嫁的地步，**最看重的是经济实力**。

另一方面，男性谈恋爱时都喜欢找漂亮、性感、自由奔放的女性。可是，到了结婚的关头，选择的标准就完全变了。他们**更注重女性的性格、理财能力以及是否居家等**。相反，那种花钱大手大脚或者看起来就很好追到手的女性会被冷落。

因此，不论男性还是女性，恋爱和结婚时对另一半的要求都是截然不同的。那种“只要我们相爱就可以天长地久”的话，在现实生活中是基本行不通的。

男性按年龄分组，个人年收入与已婚率的关系（调查对象为：日本全国范围内除学生以外的男性，调查年代：2002年）

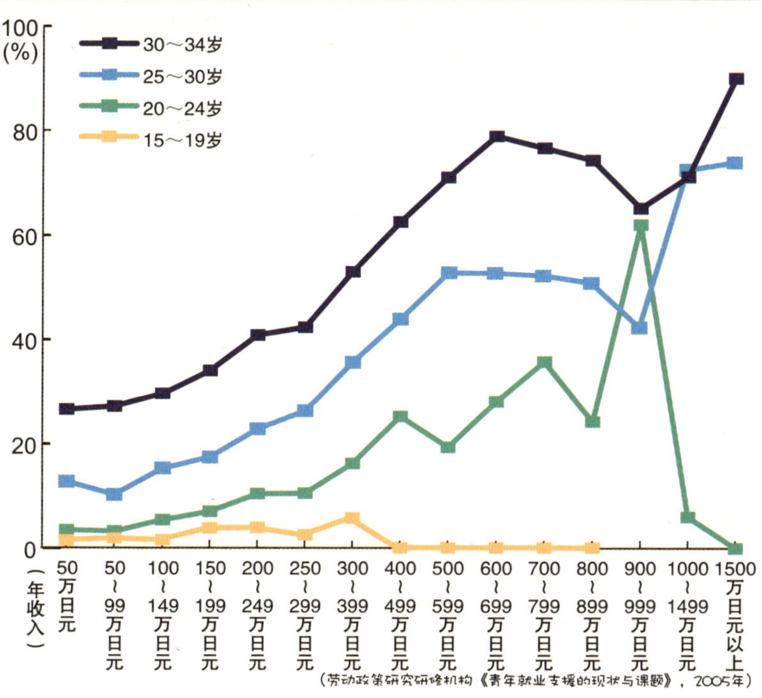

（劳动政策研究研修机构《青年就业支援的现状与课题》，2005年）

从恋爱到结婚的过程

两个人从邂逅、恋爱直至走入婚姻殿堂的心路历程，可以用心理学家马斯特因的“SVR 理论”进行解释：

S 阶段　　刺激阶段　（Stimulus）

受到对方外表、行为、性格等的刺激，是彼此产生好感的机会。

V 阶段　　价值阶段　（Value）

思维方式和行为模式相似，对感情的顺利发展非常重要，决定两个人是否会进一步交往。

R 阶段　　角色阶段　（Role）

分配角色，相互补充。从这个阶段步入婚姻的可能性很高。

两个人初次见面时，如果被对方的外表、行为和性格等吸引，就会彼此产生好感，这一阶段就是所谓的“刺激阶段”。彼此产生好感后，如果开始谈恋爱，就进入第二个阶段——“价值阶段”。在这个阶段，两个人在一起的时间增多，一起做的事情也多了起来。因此，双方的兴趣爱好和价值观是否相似是影响感情顺利发展的重要因素。如果再进一步发展，即进入“角色阶段”，不仅需要双方的价值观相似，还要能分配角色，相互补充。例如，具有支配性格的女性和服从性格的男性，喜欢帮助别人的女性和寻求帮助的男性等等。实际上，夫妻关系要想顺利发展，夫妻双方能够互相补充是非常重要的。没能走进婚姻殿堂的情侣，可能是因为不能互相补充。如果在谈恋爱阶段就分手，则有可能是因为彼此的价值观相差太大。

我们经常听到有人分手后这样评论昔日的恋人：“作为女朋友她做得非常好，但好像不是很爱家”，“他很有魅力，但如果结婚了好像无法保证家庭经济上的稳定”等等。这么思考两人关系的人，都是慎重考虑了是否要结婚才决定与昔日的恋人分手的。可以说，**恋爱只是两个人在一起的一个契机，之后只有能满足双方对于结婚的期待，才能顺利走入婚姻的殿堂**。如果一方判定另一方“不适合结婚”，双方的关系就只能发展到恋爱为止了。

1
Stimulus
受到对方外表、行为、性格等的刺激，
是彼此产生好感的机会。

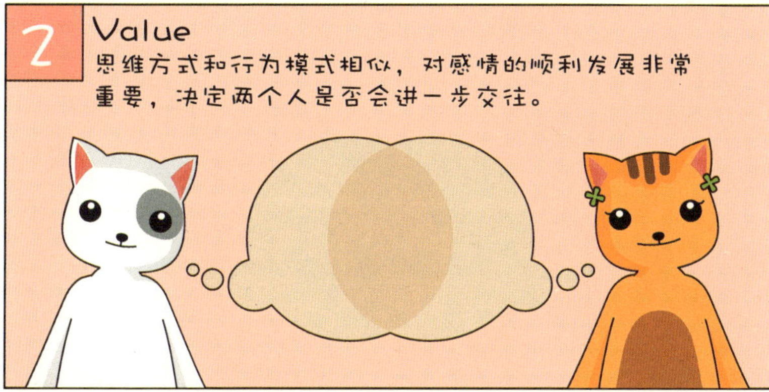
2
Value
思维方式和行为模式相似，对感情的顺利发展非常
重要，决定两个人是否会进一步交往。

3
Role
分配角色，相互补充。从这个阶段步入婚姻的可能
性很高。

同一生活圈的人更容易结婚

我们都生活在各种各样的生活圈。例如，校友、同学、同事、拥有共同爱好的朋友等等，一个人往往属于多个生活圈。同在一个生活圈的成员，享有共同的信息，拥有相似的价值观，相互之间往往更容易沟通理解。

在公司中，同事之间可以一起抱怨工作辛苦，说老板的坏话，也能一起分享工作成功的喜悦。拥有共同爱好的朋友之间，则有着更多的共同话题，能够畅谈彼此感兴趣的事情。男女之间也一样，如果在同一个圈子中相识，更容易心心相通，自然而然地就会迈入婚姻的殿堂。

此外，身处同一个生活圈，不仅有助于恋人间感情的顺利发展，还能得到圈子里其他人的祝福和支持。一般而言，**得到周围人支持的情侣，结婚的可能性更高。**

之前我们讲过遭到周围人反对的男女更容易激发出热烈的爱情，这是恋爱中的“罗密欧与朱丽叶效应”。然而，这样成就的婚姻很多最终都走向了离婚的境地。其实，受到外界阻力而激发升温的爱情，往往都经受不住悲伤的考验。两个人一旦遇到悲伤的挫折，爱情就容易产生裂痕。然而，婚姻家庭的稳固离不开周围社会环境的支持。如果周围人都反对或存在很多障碍，很多恋人就无法下定决心排除万难去结婚。

“花花公子”婚后变身“好男人”

有的男性单身时是个“花花公子”，可是一旦结婚就像变了个人似的，突然间成了负责任、家庭观念强的“好男人”。究其原因，是因为他意识到妻子选择和曾经是“花花公子”的自己结婚，不仅冒了很大的风险，还说明她非常爱自己。正是这种醒悟让他对妻子产生了依恋的情感，并一改以往的恋爱态度。

社会支持
恭喜你们啊！
恭喜恭喜！

志同道合的人容易成为夫妻

我们经常会发现有些夫妻之间非常相像。他们不但兴趣爱好相同，连行动也不约而同，真是羡煞了旁人。

事实上，相处多年的男女之间不仅有夫妻相，在很多方面都有相似之处。其实，这并不是因为他们多年生活在一起才变得相似，而是这些关系融洽、感情稳定的夫妻在寻找另一半时，都选择了与自己相似的人。

心理学家以202对相处多年的伴侣为对象进行调查，发现其中能够多年维持良好关系的伴侣在兴趣、性格、角色分配、价值观、宗教信仰等方面都十分一致。对于这个结果，一般人都认为是理所当然的。另一方面，经常出现争论和发生口角的夫妻在精神上难以沟通，生活上也多发生摩擦。因此，**只有选择与自己价值观和思维方式相似的人，才能使感情融洽长久。**

从般配的角度来看，学历相差极为悬殊的情侣之间，高学历的一方一定会认为，自己与另一方相处简直是吃了大亏。这样的夫妻关系就很难维持。自我感觉占优势的一方会有一种高高在上的感觉，时常会伤害对方的自尊心，摩擦自然也会频频发生。

离婚的首要原因是性格不合

离婚的原因多种多样，最常见的有“性格不合”、“家庭暴力”、“婚外情”、“金钱问题”、“抚养孩子问题”、“父母问题”等。其中，“性格不合”居首位。性格不合意味着夫妻双方“不相似”、“不类似”，而“类似性”不仅是最初构筑恋爱关系的重要因素，也是日后维持长期稳定婚姻关系的关键所在。

我们去看
电影吧!
我们都喜
欢买小记
事本耶!
你负责食物,
我负责饮料。
我们的“哭
点”和“笑点”
相同!
兴趣
性格
角色分配
价值观
宗教信仰
人生
伴侣

“异地恋”的情侣最好“闪婚”

和自己心爱的人相隔两地是一件非常痛苦的事情。由于工作等原因不得不进行“异地恋”长跑的情侣们都有很大的心理负担，而且往往会因此导致最终分手。

异地恋会带来以下四个方面的心理负担：

1. 风险大

想见一次面，都要花费大量的时间和金钱。因而投入较高，风险较大。

2. 见面次数少

异地恋的情侣见面次数肯定较少，因而“单纯接触效果”会降低，恋情也随之渐渐降温。

3. 容易争吵

因为总是见不到面，两个人的心里都积压了很多负面情绪。那些无法在见面时说出口的不满和责备很容易在短信或电话中一吐为快。

4. 没有前景

有恋人在身边的话，双方容易沟通想法，一起计划未来。相反，不常在一起的情侣，交往的整体感觉会慢慢淡化。如果还不能经常互相给予鼓励、肯定这段感情，双方很容易陷入对未来的不安中。

如果异地恋的情侣想一起白头到老，就要尽量缩短这种心理负担延续的时间，尽早结婚。相反，心理负担延续的时间越久，精神上的压力就越大，对对方的不满很有可能升级为人身攻击，最终导致分手。

1 风险大
2 见面次数少
3 容易争吵
你明明说这周能见面的!
工作上突然有急事,脱不开身!
4 没有前景

“性”与“智商”有关吗?

你对做爱对象的智商有要求吗?可能不同的人有不同的回答。说到做爱对象,可能分很多种,比如夫妻、恋人、萍水相逢、一夜情等。据心理学家分析,做爱的对象可能会因两个人关系的不同,对对方智商水平的要求也不同,并分别针对男性和女性展开了调查。

从调查结果来看,男性的回答一目了然。对于恋人或者夫妻关系中的性爱,他们往往希望对方的智商高于平均水平。如果只是玩乐的对象,平均智商就可以。换成是以后再也不会见面的人,要求的智商水平会更低。

另一方面,在对女性的调查分析后则得出一个截然不同的结果。那就是,即使是萍水相逢的做爱对象,女性也期望对方的智商水平高一些,和对恋人或另一半的智商要求没有明显差距。

其实,**男女的这种差异与自身生理构造的不同有关。**每完成一次性爱,男性都要释放大量精子,而一个男人一生释放出的精子数量更是一个非常庞大的数字。女性则不同,卵子的数量非常有限,终其一生只能产生几百个。为了和少数卵子受精,无数精子会进行激烈的竞争。而卵子由于数量非常有限,会严格挑选高质量的精子。

于是,女性潜意识中倾向于选择优秀的男性,以便获得更好的遗传基因。另外,女性还要面临妊娠和分娩之痛,而且“十月怀胎”又是一个漫长的过程,给女性造成的身心负担很重。因此,我们也就不难理解女性对做爱对象的智商要求都很高的缘故了。

精子有几
百万个
卵子只有
一个
严格挑选高质量
的精子

年轻是生育能力强的象征

男性对女性的生育能力有严格的要求吗？当然有。男性都希望找年轻的女性做伴侣，而年轻意味着生育能力强。

不过，最近几年，与比自己年长的女性交往的男性逐渐增多，但这大多是出于经济方面的稳定、精神上的支持以及年长女性更懂得体贴等因素的考虑。

然而，一旦说到性方面的魅力，男性无一例外都喜欢年轻的女性。尤其是谈论到结婚生子这样关乎一辈子的大事，年轻的女性更是不二选择，而且无论什么时代都如此。这也绝不是中国和日本这样的东方国家独有的现象，在世界各地都一样。

从本能上讲，男性都希望自己的子孙“量多质优”。因此，**寻找生育能力强的女性作为伴侣是一种本能，而女性生育能力最强的年龄段是 20 ~ 30 岁。**于是，年轻就成为男性选择女性的一个重大标准。

当然，判断生育能力强弱不仅要看年龄，还要看健康状况。那么，健康的身体体现在哪些方面呢？具体而言，包括光滑紧致的肌肤、闪亮的双眸、乌黑亮丽的头发、丰满有曲线的身材等等。也就是说，评价女性魅力的标准就是反应生育能力强弱的标准。

有的男性在选择恋爱对象时，会直白地说：“我就要年轻漂亮的。”这种话听起来很浅薄，还常常招来人们的批判。然而，考虑到男性希望自己的子孙量多质优的本能，也就不足为奇了。

年轻
光滑细致的肌肤、闪亮的双眸、
乌黑亮丽的头发、
丰满有曲线的身材
健康
生育能力强

男性喜欢"巨乳"是出于本能吗?

男性大多都喜欢胸部丰满的女性。那些能够登上男性杂志封面的女性偶像，拥有"巨乳"是必备条件，而且巨乳的"型号"还呈不断上升的趋势。

那么，为什么男性喜欢巨乳呢?关于这一点，可以用男性都希望自己的子孙"量多质优"的本能来解释，但绝非因为巨乳可以让男性联想到幼年时自己吃奶的情形。事实上，男性喜欢的是丰满挺拔又富有弹性的胸部，而非母乳喂养时呈现出的那种"饱满"。

丰满挺拔的胸部是年轻最好不过的证明了。过了20岁的女性慢慢会有感触，随着年龄的增长，胸部会渐渐下垂，变得不再挺拔。真可谓岁月不饶人。现在女性中非常流行矫正内衣，其作用就是将下垂的胸部向上托起。因此，年轻与否，只要看一眼胸部就一目了然。而**男性喜欢巨乳其实是在寻找生育能力强的女性。**

另外，男性喜欢腰身纤细的女性也出于同样的原因。腰身曲线的形状是由雌激素决定的，借此可以判断女性体内激素分泌水平等健康状况，而激素分泌水平会影响到生育能力。年轻的女性一般都有纤细的腰身，从而打造出女性特有的曲线美。然而，纤细的腰身也会随着年龄的增长而变得越来越难以保持。

男性喜欢的女性类型

1. 嘴唇性感的女性：据说女性嘴巴的大小与日后哺乳期乳房的大小有关；2.年轻的女性：男性与具有一定依赖性的年轻女性之间，最容易构筑稳固的恋爱关系；3.持家型女性：持家的女性会做饭，在男性的认识中，会做饭=放心+可靠。4.端庄秀丽且头脑聪明的女性：对男性来说，这是可以向所有人炫耀的资本。

丰满挺拔的胸部
年轻的证明
生育能力强
纤细的腰身
体内激素分泌水平正常
健康、生育能力强

女性需要爱的证明

虽说恋爱和结婚是两回事，但很多人都期待以结婚的目的谈恋爱。尤其是女性，大多希望能够找个优秀的男性相处，并最终步入婚姻的殿堂。

之前我们讲过，恋爱和结婚所追求的对象是不同的。那么，为什么有那么多女性刚开始恋爱就期待能走入婚姻呢？那是因为**女性需要爱的证明——“只有你”（only you）和“永远”（for ever）**。换句话说，女性希望男性“永远只爱我一个人”，而且这种愿望长久而强烈。

为了得到“爱情的永久性占有”的证明，女性往往期望另一半能直接表达出来。比如，发誓断绝和其他异性的任何往来，只爱她一个人；要毫不吝惜地奉献自己的一切，无论物质上还是精神上宁愿为她付出所有等等。而结婚恰恰就代表“永远只爱我一个人”的誓言。

除了结婚外，交给对方自己房门的钥匙，送上昂贵的礼物，不惜挥霍金钱，以及随叫随到等，也都可以表示“only you”和“for ever”。

对妻子要永远感兴趣

对妻子要永远感兴趣，这样传递给妻子的信号就是：“我一直都在关注你！”做法也很简单，例如妻子要外出时，问一句：“去哪儿啊？路上注意安全！”另外，丈夫还要经常关心一下妻子的想法和感受，可以随时问一句：“冷吗？”“不舒服吗？”“在想什么？”……丈夫的关心，能让妻子感觉安心。

"only you" 和 "for ever"
爱情的永久性占有
被爱的证明

恋爱主导权在女，结婚主导权在男

前面讲到女性希望恋人做到“only you”和“for ever”。那么，男性对恋人有什么要求呢？

对男性来说，恋人是“谈恋爱的对象”。外表漂亮、一起享受男女之欢是男性在恋爱中所追求的。但考虑结婚对象时，会理财、善于持家等因素就占了上风。因此，对男性而言，谈恋爱不一定要发展到结婚的阶段。

有的男女朋友已经相处多年，按理说到了谈婚论嫁的地步，可男性就是迟迟不愿结婚。究其原因，是因为这个男性从和女性开始交往起就从未抱有结婚的想法。

其实，男女关系中，往往由女性决定恋爱的开始。告白的多是男性，接不接受要看女性的决定，所以**女性通常掌握恋爱的主动权。可一旦谈论到结婚，男性就逆转形势，将主动权牢牢握在手里。**

女性都希望恋爱能够永远持续下去，可男性非常坚定地认为恋爱对象不等于结婚对象。于是情况往往是，女性一直在等男朋友求婚，而对方丝毫没有结婚的打算。因此，当男性还无法下定决心结婚时，女性最好把自己从适合恋爱的对象转变为适合结婚的对象。

男性决定结婚的理由

首先，男性不会怀孕产子。通过结婚这种形式，男性得到了繁衍子孙的机会。其次，男性的性欲比较旺盛，出于本能想与更多的女性发生关系，以便留下更多的子孙。而结婚这种形式恰好可以让男性合理合法地满足自己的性欲。另外，有妻子在家里洗衣、做饭，解决了后顾之忧，男性可将精力集中到工作上。

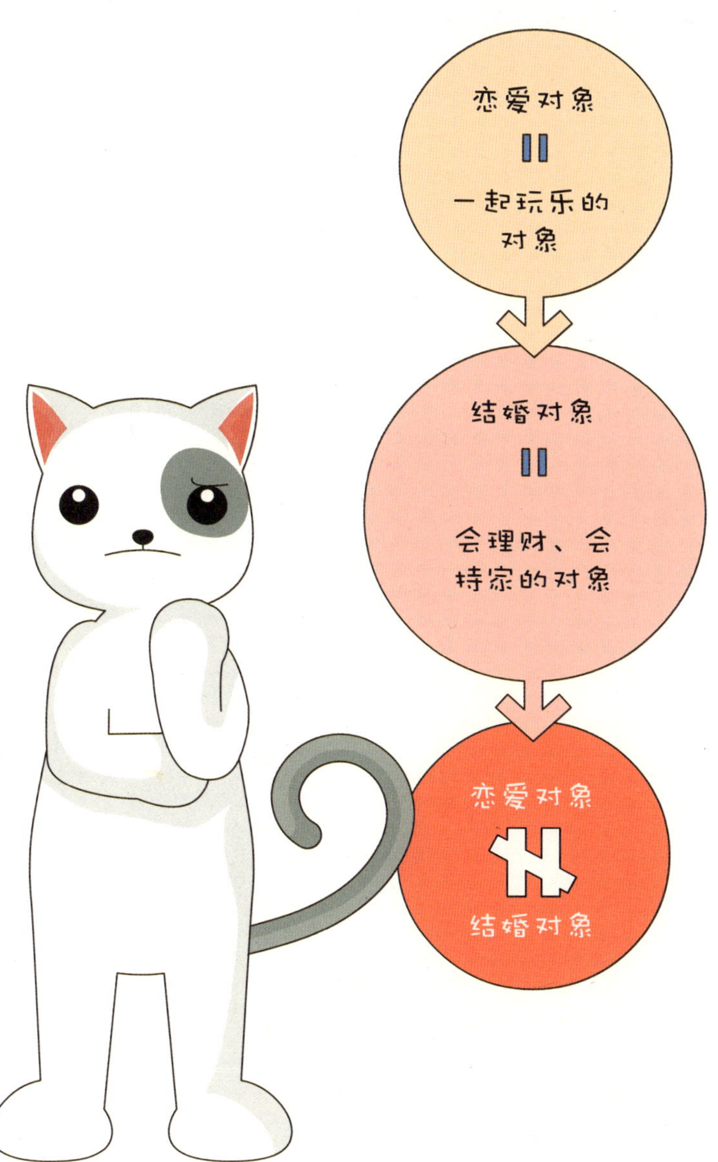
恋爱对象
=
一起玩乐的
对象
结婚对象
=
会理财、会
持家的对象
恋爱对象
≠
结婚对象

妻子出轨的理由

过去常说“出轨是男人的天性”，可近年来妻子出轨的例子也很多见。为什么女性开始红杏出墙了呢？共有以下三个方面的原因：

1. 丈夫经济条件变差；

2. 夫妻进入婚姻倦怠期；

3. 遇到了经济条件比丈夫好，并对自己更加关心的男性。

具体而言，第一个方面是指不能从丈夫那里得到经济保证，生活陷入不安定的状态。第二个方面意味着没有证据能证明丈夫会永远爱着自己了。第三个方面则指遇到了比丈夫更加强大、更能满足自己期望的男性。

也就是说，夫妻之间出现了“only you”和“for ever”危机。当婚姻中缺少了原本应有的“彼此相爱的证明”时，女性会下意识地寻找其他伴侣。因而，妻子的出轨更多的是因为心理上缺乏安全感。

根据美国心理学家的调查发现，有过出轨行为的女性认为，出轨主要有以下四个方面的益处：

1. 增强了作为女性的自信；

2. 提高了自我评价；

3. 自尊心增强；

4. 能够对丈夫作出客观评价。

从这个调查结果来看，与经济或者性爱方面的满足相比，女性更重视的是自己的价值得到对方认可这类精神层面上的满足。

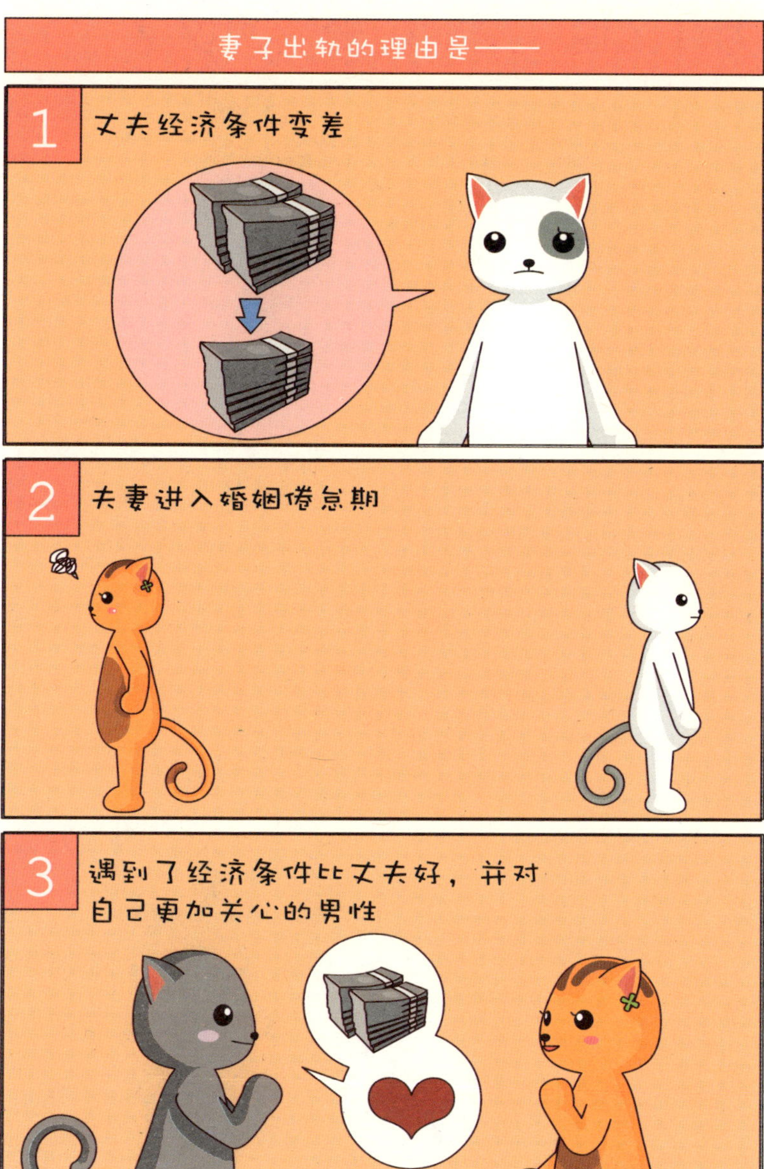
妻子出轨的理由是——
1
丈夫经济条件变差
2
夫妻进入婚姻倦怠期
3
遇到了经济条件比丈夫好，并对
自己更加关心的男性

为什么说“婚姻是爱情的坟墓”？

男女结婚之后，往往会互相抱怨。比如，妻子常常数落丈夫“结婚之前很体贴，一结婚就变了”。还有的男人结了婚，就不再送妻子礼物，也不会特意制造浪漫。很多女人婚后也有不同程度的懈怠，比如都懒得去化妆修饰自己，不如之前光鲜亮丽了。基于以上种种情况，很多步入婚姻的男女会心生悔意：“这难道才是他（她）的真面目？要是不结婚就好了。”不管怎么说，婚后生活往往不如恋爱时那般甜蜜。

为什么人们在婚前婚后的表现会有如此大的反差呢？这是因为“社会交换理论”在起作用。一般而言，人只会把时间和金钱花在自己身上。能够抽时间花金钱陪异性逛街或约会，都是为了得到对方。因此，表面上看来是为恋人作的“投资”，实则是为了达到自己的目的。那么，既然是“社会交换理论”，已经到手的东西自然就没有“追加投资”的必要了，再继续投资无异于浪费。于是，一旦结婚，投资的一方对另一方的态度就不如从前了。

其实，**人在婚后变化的原因并不是对方变了，而是对对方来说自己的地位发生了改变。**过去紧追不舍的时候，对方还对自己非常重视和在意，可一旦被追到手，就成了对方的“囊中之物”。

因此，如果两个人想一直保持恋爱时的感觉，就要继续追求对方时的那种热情。

看起来是为对方作出的投资，
实际上是为了达到自己的目的。
一切都是以得到对方为目的
一旦到手就没有继续投资的必要

恋爱心理术小结④

★不论男女，恋爱的条件都不等于结婚的条件。

★恋人间的关系只有发展到“角色阶段”，步入婚姻的可能性才会高。

★得到周围人支持的情侣，结婚的可能性更高。

★关系融洽、感情稳定的夫妻在寻找另一半时，一定都选择了与自己相似的人。

★如果异地恋的情侣想一起白头到老，就要尽早结婚。

★男性对做爱对象的智商要求随两个人的关系而定，女性则没有这个差别。

★从本能上来讲，男性会选择生育能力强的年轻女性做伴侣。

★不论恋爱还是结婚，女性都希望得到“爱情的永久性占有”的证明。

★恋爱主导权在女，结婚主导权在男。

第 5 章

为什么谈不成恋爱?

这一章专为爱情中“主动剩下的”和“被剩下的”各位而设，解答谈不成恋爱的各种疑难杂症。擅长迎合对方的人也擅长谈恋爱，孤独的人无法谈恋爱，一不小心就会错失的爱情最值得珍惜……

爱情是缘分天注定吗?

经常听周围的大龄男女青年诉苦说:“我挺想结婚的，但就是碰不到合适的对象。”可是，像爱情剧和言情小说中那种突降奇缘，然后就命中注定在一起的故事，在现实生活中是很难发生的。

“缘分”这个事情该如何解释呢?下一页的图表是关于“夫妻邂逅机缘”的调查结果。其中，“职场或通过工作关系相识”的所占比例最高，“通过朋友和兄弟姐妹介绍认识”位居第二。这两类同属与身边的人邂逅并产生恋情。

另外，心理学家通过调查分析后还发现，**大多数人都是与同处一个职场或学校等直径范围不超过 70 米的人在交往。**恋爱中的人常常会不经意地发现其实自己一直在寻找的那个人就在身边。当然，这么说并非否定我们会偶遇优秀异性的可能。与偶尔见面或初次相识的人也能产生爱的火花，只是大部分人都会选择距离近的人做恋人。这是为什么呢?

距离近有助于双方的互相了解。比如，一个办公室的同事，由于每天都在一起工作，彼此渐渐熟悉起来，对“他喜欢吃什么”“她不擅长做什么”等都有所了解。个人兴趣、爱好、特长、生活方式等各种信息都不再是秘密。如此相互了解后，彼此之间很容易产生好感，进而发展成恋人。这便是恋爱中的“熟知性法则”。

距离近的人之间容易产生好感

↓

想成为对方亲近和重视的人

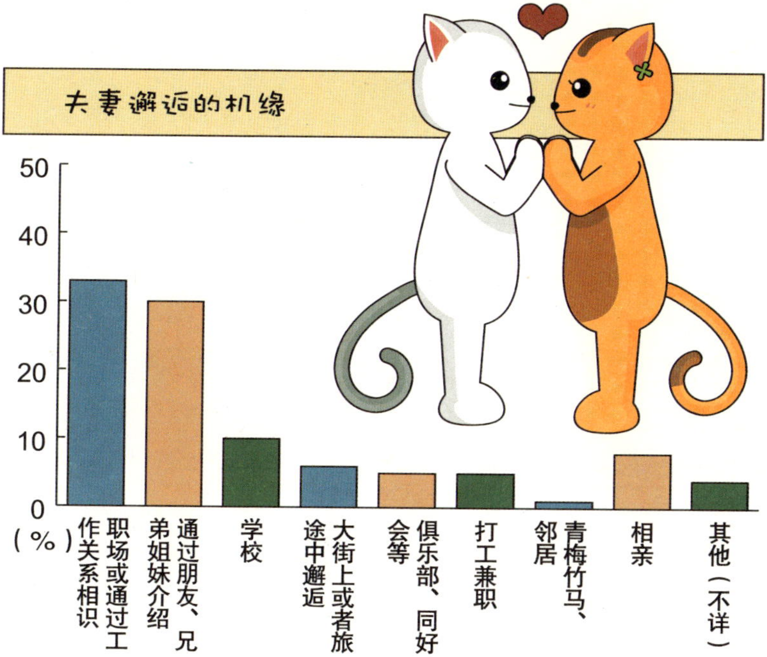

夫妻邂逅的机缘

50
40
30
20
10
0
（%）

职场或通过工作关系相识

通过朋友、兄弟姐妹介绍

学校

大街上或者旅途中邂逅

俱乐部、同好会等

打工兼职

青梅竹马、邻居

相亲

其他（不详）

（根据日本国家社会保险人口问题研究所数据，2003年）

擅长迎合对方的人也擅长谈恋爱

有的人恋爱时常常会不知所措，变得拙嘴笨舌。比如，不知道该如何和自己喜欢的人打招呼，担心和心仪的异性聊天时出现冷场等。究其原因，是因为他们不擅长言辞交谈，才会慢慢对恋爱产生胆怯心理。接下来，我来讲讲聊天的技巧。

其实，聊天的技巧很简单，就是在适当的时候迎合对方。人们判断聊天是否愉快的一个重要标准，是能否顺畅地谈论自己感兴趣的话题。如果对方对自己谈到的话题表示出兴趣，会感到很高兴。而且，不论是谁，都希望有人能够和自己畅谈喜欢的事情，只是现实生活中这样的知己并不多。

和心仪的异性在一起时，你只需等待对方谈论喜欢的话题，并表现出很感兴趣的样子就可以了。这个技巧中最重要的部分是巧妙地附和对方。比如，在对方停顿的时候，可以说“嗯，是啊！”“然后呢？”“什么？真的吗？”“后来怎么样了？”以此表现出自己对话题的关注，与对方保持“同步调”。事实上，**人一旦遇到理解自己又能保持同步调的人，会不知不觉地产生好感，并敞开心扉畅所欲言。**

再来说说聊天中的大忌。那就是，不能只谈论自己感兴趣的事情，否则是无法了解对方的想法的。聊天内容的理想比例为：对方七成、自己三成，这样就可以很好地与对方保持同步调。

“嗯，是啊！”
“然后呢？”
“什么？真的吗？”
“后来怎么样了？”
同步调
好想有个人能倾听我的想法啊
畅快地吐露心声
聊得很开心
打开心扉

小小的拒绝代表后面有更大的机会

对大多数人来说，不得不拒绝别人拜托的事情时，多少会有些不好意思。直至说出拒绝的前一刻，心里都还有些不忍。而当看到对方失望的表情时，心里更是默默决定："下次再求我的话，一定不能拒绝了。"

这种拒绝一次之后就不好意思再次拒绝的心理叫做"闭门羹效果"。在恋爱中利用这个心理效应，可以迅速接近心仪的异性。

具体实施时，要先提一个容易遭到拒绝的提议，如："周五晚上有空的话，一起吃晚餐如何？"如果对方同意，那最好不过了。但第一次约会就提出这样的邀请，大多会被拒绝。没关系，这只是我们设置的一个"圈套"，因为被拒绝恰好是我们的机会。拒绝别人之后，大多数人心里多少会产生一些"罪恶感"。接下来，可以提个简单一点的要求，如喝一杯咖啡。此时，对方为了减轻内心的"罪恶感"，大多会同意。所以，遭到一次拒绝并不代表一切都结束了，一定要保持轻松、愉快的心态多邀请几次。而且，**最好第一次的请求稍微"苛刻"一点，等遭到拒绝后再降低难度，效果会相当显著。**

这种拒绝后降低难度再次邀请的方法叫做"让步性请求法"。其实，在日常生活中，我们也经常上这个"圈套"。例如，报刊推销员经常一开口就叫我们"订阅半年"，对此我们一般都会拒绝。然后，他会改口说："那就先订一个月吧。"此时，接受的人居多。

我们两个去喝一杯如何?
这个……
机会来啦！提一个小点的要求吧！
那一起喝茶怎么样?
我刚才拒绝了一次，这次不能再拒绝了……
好吧，那我们喝茶去吧。

为什么相爱容易相处难呢?

两个人十分相爱，却怎么也相处不好。出现这种情况的原因，要么是坏心情在作祟，要么是距离遥远因思念而心生埋怨，结果总是吵架，一波未平一波又起。

虽然有人认为“正因为关系太好了才会吵架”，俗话也说“打是亲骂是爱”，但交往中的两个人都因此承受着巨大的压力。这不一定是出于两个人“性格不合”或“正因为喜欢才会赌气”的缘故。究其更深层次的原因，可能是一种“依恋行为”在作怪。

“依恋行为”原本是指婴儿和母亲之间与情感联系相关的各种行为，分为“安全型”、“回避型”和“不安型”三种。如果婴儿和母亲的关系很好，能从母亲那里得到足够的爱和关怀，他们会很直接地表达自己的想法和感受，并记住这种被爱的感觉。相反，和母亲的关系不大好的婴儿，会因为缺乏母爱而出现“回避型”和“不安型”依恋行为。

安全型：

信赖别人，能够自然与人产生亲密感情，会直接表达自己的好感。

回避型：

不擅长建立信赖关系，也很难与人亲近。无论和谁，都保持一定距离。

不安型：

经常会担心对方并不是真心喜欢自己，时不时会攻击对方、疏远对方。

有回避型和不安型依恋行为的人，无论多么爱对方，都无法与对方好好相处。而且，经常会疑神疑鬼、心怀不安，以致发生口角。

安全型
信赖别人，能够自然与人产生亲密感情，会直接表达自己的好感。
我喜欢你。
回避型
不擅长建立信赖关系，也很难与人亲近。无论和谁，都保持一定距离。
不安型
经常会担心对方并不是真喜欢自己，时不时会攻击对方、疏远对方。
我和工作到底哪个重要？
为什么不和我联系？我们说好了一天至少发五条短信的。

过于自信，恋爱必败

有些人嘴上总是说："其实我挺想谈恋爱的，只可惜身边没什么优秀的异性。"言外之意便是，只有足够优秀的异性，才配得上自己。

一般而言，自信满满的人或自我评价较高的人，对恋爱对象的要求也特别高。相反，自我评价较低的人，对交往对象的要求会降低。

自我评价低的人，如果遭遇告白，内心会喜出望外："还有人向我这样的人告白？！"于是，很快便欣然接受。而且，作为对对方喜欢自己的回报，也会对对方产生好感。因此，两个人之间很容易萌生恋情。这在心理学中被称为"自尊理论"。

根据"自尊理论"，**自我评价低的人更容易谈恋爱。**而单身美女、单身帅哥们自恃外貌出众，即使已经和异性有了恋爱的苗头，也会再三衡量。如果认为对方配不上自己，就绝不越雷池半步。关于恋爱，他们总是过多地关注对方的相貌、学历、收入等条件是否有足够的优势，所以很难自然地开始一段恋情。况且，即使遇到所有条件都满意的人，对方也不一定会对自己动心，情况往往还是心仪的异性越优秀，面临的竞争对手越多。

所以，与其艳羡童话故事般佳人成对的美好恋情，不如回到现实，打开心扉寻找实际一点的恋爱。也许，这样找到另一半的可能性更高。

恋爱的"互补性法则"

所谓恋爱的"互补性法则"，是指人对于具备自身所缺乏的气质的异性，很容易产生好感。例如，坚强的男性和脆弱的女性、积极的女性和谨慎的男性、柔弱的女性和保护欲极强的男性等。恋人除了在价值观上要有一定共识外，互补的性格也能带来一种平衡而稳固的关系。

与自己般配的
相貌
与自己般配的
收入
与自己般配的
学历
虽然一直很想谈
恋爱，但是一直
没有遇到合适的
（与我般配的）
人选……

与异性分享秘密，构筑亲密感

敞开心扉向他人诉说自己的事情，在心理学中被称为“自我告白”。自我告白的内容包括姓名、家庭、出生地等表面信息，以及性格、优缺点、喜欢的人、烦恼等更深层的信息。

关于偷偷暗恋的对象和内心的烦恼，一般人只会和一小部分人提起或倾诉，而且只局限于自己信任的人、亲密的人。尤其是女性，只会和闺蜜们吐露心迹。不过，在这里我要建议，想谈恋爱的人要向心仪的异性进行深度的自我告白。这样一来，不论说的人还是听的人，都会增加对对方的亲密感。听的人会感觉对方信任自己，没把自己当外人，于是也会信任对方。而且，有趣的是，听的人也会以相同的程度进行自我告白。因为对方信任我，说了他的秘密，我也要把自己的秘密告诉他，这就是“**自我告白的回报性**”。

另外，诉说心里话时，听的人会被说的人的坦诚打动，进而使好感度上升。经常在一起聊悄悄话的女性朋友关系都很好，大概也出于同样的原因。

综上分析，向心仪的异性进行深度“自我告白”后，两个人会很自然地发展成恋爱关系。可是，与同性相比，向异性自我告白可能会让人有些纠结而难以开口。但真正的恋爱往往开始于接受真正的自我。因此，如果很害羞表达不好，至少要传达给对方一个真诚的感觉，这样才有机会打动对方。之后，再通过具体行动来展现自己的真心，这样也能俘获对方的心。

对方将和任何人都没提起的真实想法告诉了我
产生亲密感情
认为对方很特别
无法向喜欢的人诉说自己的真实想法
嗯，其实……
对方能够理解我的想法！

孤独的人无法谈恋爱

害怕孤独的人想谈恋爱，可是真正孤独的人往往谈不成恋爱。

一般的单身男女都会有“好想有个亲密的人陪自己”这样的亲密需求。每到这个时候，交朋友、谈恋爱的想法就开始蠢蠢欲动。可是，孤独感很强的人很难产生亲密需求，也很难与他人形成良好的亲密关系。

心理学家曾经作过一个实验，证明孤独的人有以下五个特点：

1. 自尊心低，自我评价低；
2. 没有自信，认为没有异性会喜欢自己；
3. 内向，但自我意识很强；
4. 对人缺乏善意，缺少助人的热情；
5. 很难相信他人。

通过对这类人“会话特点”的进一步分析，心理学家还发现：孤独感很强的男性对女性抱有否定的态度，而孤独感很强的女性对男性也没有好感。

以上这些实验结果和分析发现都说明，孤独感很强的人自认“谁都不会接受自己”，于是在自己和周围人之间构筑了一道鸿沟，从而陷入了更加孤独的恶性循环中。

因为孤独的人自己感觉不到亲密需求，也很难打开心扉对别人发出“我们做好朋友”的信号。对待异性时，他们也大多抱着消极的态度。当然，更别说恋爱了，恐怕连好感都很难产生。

我这么衰，
谁能喜欢上
我呢……

会失去的才最值得珍惜

常常听人说谈恋爱也要讲究策略，恋爱高手们对此更是津津乐道。事实上，也确实如此。如果恋爱总是一帆风顺、波澜不惊，相恋的两个人往往无法到达幸福的彼岸。

人的情绪是非常随性的，很容易到手的东西就不会珍惜，时间久了就会感觉乏味无趣。因此，**对待心爱的人不能百依百顺，以免让对方认定这段感情万无一失。**相反，要试着让对方有一种“一不小心就会错失”的危机感。对方会因此燃起斗志，对你也会倍加珍惜。

这个心理效应被称为“心理电阻”，即人一旦受到限制、不能自由追求想要的东西时，那个东西就变得更加令人向往，更加让人欲罢不能。即使是不太爱吃的点心，如果被贴上“最后十个”的标签，大多数人都会莫名地觉得这个点心一定很好吃。倘若是关系不算很亲近的人，如果突然被调到海外工作，当事人会突然有点没来由的小悲伤，在送别会上还稀里糊涂地胡言乱语。这些都是因为“心理电阻”在起作用。

假如在恋爱中，没有任何障碍，天天都是千篇一律，双方很快就会厌倦彼此。可是，一旦某一方有出轨的迹象，另一方就会紧抓不放。如果尚处于追求阶段，一直的付出却换不来任何进展，追求的一方可以试着变换战术。比如，不要一味替对方着想，更不要在他（她）需要帮忙时就第一时间出现在他面前。相反，要偶尔保持一定的距离。装做和别的异性关系很不错的样子，也有助于改变自己被动的处境。其实，很多人都是等到失去的时候，才发现自己原来很在乎对方。

今天买不买
都无所谓。
最后十个！！
已售完！
不买就
没啦！

用什么来交换爱情?

如果恋人让你证明你的爱给他看，你会怎么做呢?

爱情是捉摸不定的。恋人们常常会惴惴不安，想一探对方的真心。有的人一旦遇到这种考验，就会挥霍大笔钱财来示爱，比如送给对方贵重的礼物，每次约会都一掷千金等。如果你恰好遇到这类人，要引起注意了!

这类人非常迫切地想得到对方的爱，为此会不惜金钱来作交换。可是，**恋爱中也有“对等交换”的原理**，为对方付出很多的人一定也想收获与自己付出相当的爱情。倘若对方有分手的意图，这类人可能会要求对方进行偿还。因为在他们看来，“我为你付出了那么多，却没得到你的爱，是不公平的”。

偶尔，我们会听说有些恋人恋爱不成分手后反目成仇的。最后，还因为偿还约会经费的事引起纠纷，闹得沸沸扬扬。这就是当事人想要用金钱来交换爱情的后果。

此外，常被作为与爱情交换的其他“等价物”，还有无微不至的照顾、外表魅力、社会地位和名誉、彼此的约束等等。可是，爱情的等价物只有爱情。一旦用其他东西来作交换，就很难形成彼此都满意的关系，最后只会闹得不欢而散。

礼物不要太昂贵

对于别人给予我们的“好意”，我们会以同等的“好意”加以回报，以寻求心理上的平衡。这是大多数人都有的一种心理，而礼物就是一种具体化的“好意”。当我们收到昂贵的礼物时，会造成一种必须给予回报的压力。如果不回报，就感觉对不起对方，心里会承受煎熬，有时这会成为逃避对方的原因。

恋爱心理术小结⑤

★大多数人都是与直径范围不超过70米的人在恋爱。

★擅长迎合对方的人也擅长谈恋爱。

★小小的拒绝后面代表有更大的机会，请用“让步性请求法”。

★为何相爱容易相处难呢？也许是“依恋行为”在作怪。

★过于自信，恋爱必败。

★与异性分享秘密，可以构筑亲密感。

★孤独的人无法谈恋爱，只会陷入更加孤独的恶性循环中。

★对待心爱的人不能百依百顺，以免让对方认定这段感情万无一失。

★爱情的等价物只有爱情。

第6章

恋爱的危险陷阱

各位请仔细看，这一章都是敏感的话题。男性误会都是女性的错吗？精神出轨与身体出轨，哪个更难接受？容易出轨的人和容易遭到背叛的人各是哪类人？家庭暴力男有哪些特点？……力争让您防患于未然。

周围人看不出的危险关系

俗话说“情人眼里出西施”，一旦喜欢上一个人，就会觉得对方哪里都美。即使是平凡的恋人，在对方眼里也变得魅力无限。这种“错觉”的产生，有被恋爱冲昏头脑的嫌疑。其实，周围人和当事人的感受往往相去甚远。

美国心理学家以大学生群体为研究对象，作了如下实验。先给实验对象讲述一名 23 岁男生和一名 19 岁女生的恋爱经过，然后询问他们的“认同度”。故事是这样的：这对男女生周一初次邂逅于地铁的同一节车厢，当时他们隔着过道相对而坐。周二，两人又不期而遇。到了周三，男生第一次穿过过道，坐在了女生身旁。周四，两人便私定终身。周五，他们就特意去了不需要征得父母同意的州领证结婚。回想这个过程时，女生坦言周三那天她就认定“她与男生通过眼神已经作了很多交流”，而且男生已经通过眼神向自己求婚。

参加实验的大学生听过这个不一般的浪漫爱情故事后，有 40% 的人认为和自己“有很多共同点”，20% 认为“有共同点”。

客观来看，这样浪漫的故事一般不会在半数以上的学生身上发生。可是，这对男女生的恋爱故事不仅说明它发生了，而且有 60% 的人有认同感。恋爱是非常感性的，在很大程度上受主观因素的支配。因此，这样的恋情在给人带来幸福感的同时，也潜藏着很大危机。而且，**恋爱中的两个人是通过“情人眼”来看对方的，这就无法保证当事人的判断是客观正确的。**

不管怎么看，
都觉得对方是
完美无缺的美男
子（美少女）。

表情中泄露的恋爱危机

看清他人的真心恐怕是一件非常困难的事情。周围人的表现不一定表里如一，恋人的心思更是难以捉摸。然而，陷入恋爱的人们无一例外都想了解对方内心的真实想法。

另外，有些看起来幸福美满的情侣之间其实已经剑拔弩张。此时，如果两个人都对紧张的关系毫不在意，那么终有一天会分手，而且很难破镜重圆。

那么，有哪些“暗示”可以帮助我们了解对方的真实想法，发现两个人关系紧张的迹象呢？其实，这些都可以从对方的表情中解读出来。芝加哥大学心理学教授约翰·卡乔波（John T.Cacioppo）通过研究发现，**人的喜欢和厌恶的情绪都会通过颧骨附近的肌肉以及皱眉肌表现出来，而且人很难控制这两个部位肌肉的变化。**满心欢喜或高兴时，人的嘴角会上扬，露出笑容。相反，怀有厌恶的情绪时，皱眉肌会有所动作。不仅眉宇间会出现皱纹，眼神也变得不再平和。

因此，无论聊天的内容多么轻松自然，哪怕前一刻还笑意犹存的人也会因为这两个部位肌肉的变化流露出内心真实的情绪。出于这个原因，我们要特别注意，在见面的第一瞬间或者听到某个消息后对方的第一反应。

也许，身旁的恋人正面带微笑地和你畅谈，和平常并无不同。可是，他（她）的内心也许在冷静地思考如何与你分手。因此，当你发觉和恋人之间的心理距离在疏远时，那么请在没有出现严重后果前尽快补救。

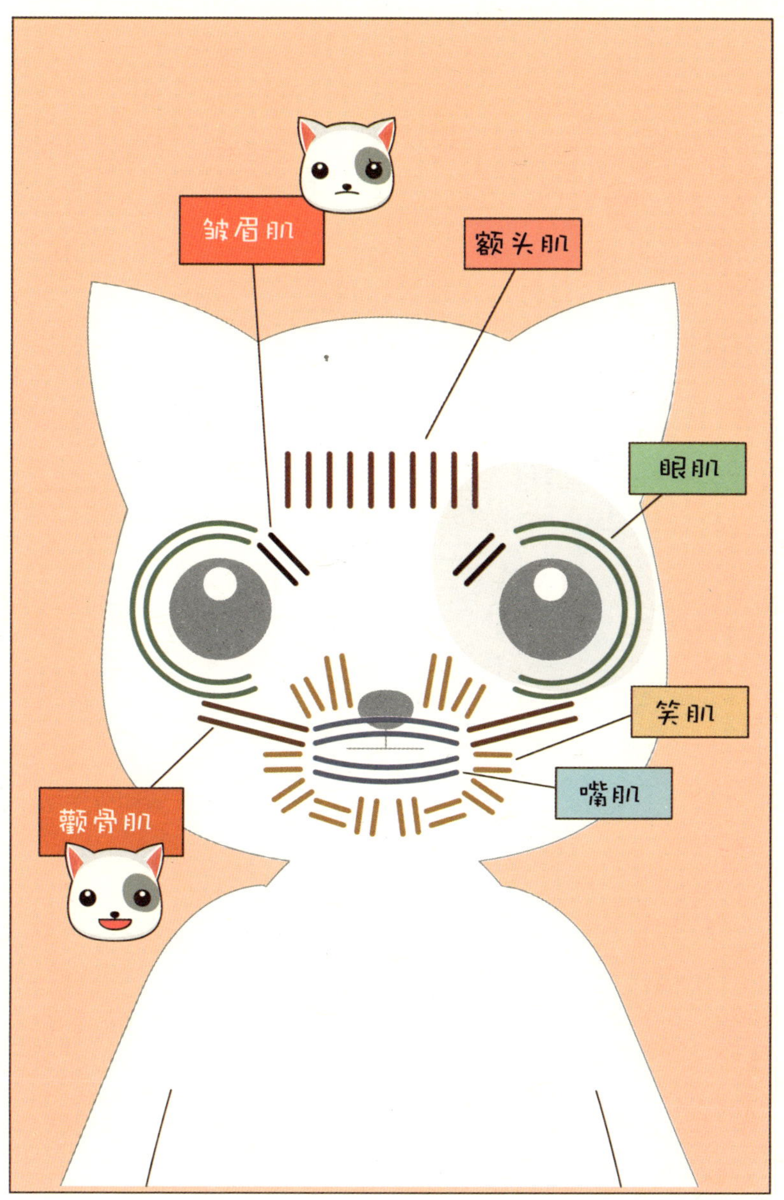
皱眉肌
额头肌
眼肌
笑肌
嘴肌
颧骨肌

做爱后冷淡的男人

人们普遍认为好色是男人的天性，即使男性在大街上目不转睛地盯着女性看，也大多被认为是正常的。关于这点，还有个非常著名的故事。

美国第三十任总统柯立芝与夫人去参观农场。两人分头参观，其中总统夫人先到养鸡场参观。看到公鸡在追逐母鸡时，总统夫人好奇地问农夫："公鸡每天交配几次？"农夫答道："好几十次。"总统夫人听后，嘱咐农夫："过会儿，你要把这个情况告诉总统。"等总统到来，农夫果然把这一情况告诉了总统。总统想了想，眉毛一挑，问道："公鸡每次都和同一只母鸡交配吗？"农夫回答："当然不是，公鸡每次都和不同的母鸡交配。"总统听后又说："请你也把这个情况告诉我夫人。"

柯立芝总统一语道破了雌性动物和雄性动物在性爱行为上的差异。生物学家在实验中也发现，雄性动物确实存在**"喜新厌旧"的性态度**，于是便将其命名为"**柯立芝效应**"。

此外，有一位心理学家对男性的性行为进行了专门调查，结果发现做爱之前男性还认为非常有魅力的女性，等完事后就改变了看法。这种情况在男性中非常多见。而且，与女性相比，男性更易受冲动支配，一旦觉得眼前的女性不再具有吸引力，就将目光转向其他女性。

女性则不同，一旦与某个男性建立性爱关系，就想一直稳定地发展下去。于是，男性做爱前后不一样的态度会导致女性追问："你是不是不爱我了""是不是出轨了"等等。而且，由于男女对性行为所持的不同态度，会引发双方的矛盾。

公鸡一天能交尾
几十次！
公鸡每次交尾的
对象都不同！

男生误会都是女生的错吗?

男女单独约会去吃饭，代表两个人的关系发展到了什么程度呢?

曾经听女孩抱怨说："只不过一起吃个饭而已，就说什么我们找个地方休息一下吧，然后就去开房，简直太差劲了。"也经常听到男生和哥们儿诉苦："两个人都单独吃饭了，本以为可以去开房了，结果她吃完就走，我算赔本啦。"从这两种对立的想法来看，男性和女性对两个人单独在一起吃饭的理解存在很大差异。这差异到底因何而来呢?

其实，**男性常常将"性"的因素加入对女性行为的理解中。**美国心理学家曾以200名大学生为对象作了这样一个实验：先播放一段录像，然后分别询问男女大学生各自的看法或感受。录像中，一名女大学生去男教授家中拜访，请求他允许自己延迟上交报告的时间。结果，女大学生看后大多认为这名女学生对教授的态度非常友好。对此，男生则有截然不同的见解，他们大部分都认为这名女学生在显示自己的性感，并企图诱惑男教授。

从女性的角度来看，男生的想法不过是男性的一相情愿而已。然而，男性常常与女性理解的角度不同。他们往往认为，对自己友好微笑的女性就是对自己有意。因而，男性和女性很难在这个问题上达成统一。

男性买单是天经地义吗?

男女约会的费用基本都应由男性来负担，这也是约会的一个基本常识。不过，如果约会时，女性自始至终都摆出一副"你请客，你付钱，天经地义"的态度，那恐怕也不太受欢迎。另外，在男性请客付钱之后，女性表示感谢的话语不能少。而且，女性还可以借此机会，确定下一次约会。

小白，
你好！
那件事情
拜托小白
好了。
啊！
总是高姿态的小
琪突然对我这么
热情，难道她对
我有意思？

"付出之爱"很难长久

爱到深处，有人会海誓山盟地说："我愿意为你付出我的全部！"听到类似的"誓言"，你一定觉得这样的爱情很伟大。可是，在现实生活中，这种单方面付出的感情很难长久。

为什么这么说呢？因为总是付出的一方会一相情愿地认为："我付出了这么多，他（她）一定也会回报我很多。"可是，只是得到的一方要么感觉这种付出是一种负担，要么就对这种付出形成了依赖心理，以致变得越来越自我。当然，有时一直付出和只是得到的双方也会慢慢取得平衡。然而，无论如此，**付出的一方只有得到了自己期待的回报，两个人的感情才能持久。**

曾有一项针对情侣之间"公平性"的调查，结果发现认为"对方好像不怎么照顾我"和"对方照顾得过头了"的人对待性爱的态度都很冷淡。也就是说，性爱只有在情侣双方关系平等的前提下才会和谐。不仅如此，要使双方的感情自然而持久，也需要保持公平、平衡的恋爱关系。

最后要说的是，无论一个人多么爱对方，如果只是一味付出，是无法建立平等健康的恋爱关系的。终有一天，付出的一方会感觉身心疲惫，只能忍痛放弃。而且，越是在爱上对方且爱得无法自拔时，越要冷静地判断现在两个人的关系是否公平合理。

既然喜欢我，
就为我多付出
一些吧。
我现在对你这么好，你
一定也会对我好的吧。
希望得到回报

嫉妒是爱的晴雨表

一般情况下，大家都认为嫉妒是一种负面情绪。可是，在恋爱中，嫉妒是必不可少的。

爱情的独占欲和排他性很强。如果心爱的人与其他异性接触甚至有暧昧的举动，我们心中会顿生愤怒甚至仇恨的情愫，这就是所谓的“嫉妒”。可以说，只要我们还爱着对方，就会自然产生嫉妒的情绪。

有位心理学家对男女之间的嫉妒进行了长期的调查分析。在长达七年的时间里，他对一定数量的情侣进行了跟踪调查，并最终得出了这样的结论：**七年前在爱情中嫉妒心比较强的情侣，在七年后结婚的概率很高。**因此，我们才说嫉妒是爱情的晴雨表。

虽说如此，但总是陷在嫉妒的情绪里是一件非常痛苦的事情。那么，如果对方有了要移情别恋的念头，我们该怎么办呢？最有效的方法就是直接表达自己的悲伤和失望。也许，有人会觉得大吵大闹非常丢面子，就一直忍耐下去，并坚信对方终有一天会回心转意。可是，这样下去，对方不仅没有悔改，还得意忘形甚至放肆起来，以致双方的关系进一步恶化。

相反，我们应该换一种方式，直接告诉对方自己的真实感受，比如：“你这样做，对我的打击太大了，而且深深地伤害了我，我现在非常难过。”这里要注意，不要依靠愤怒来解决问题。愤怒可以一时牵制对方的行为，但只能起到恐吓的作用。如果能在表达中融入“悲伤、难过”的情绪，就可以起到督促对方反省自己的作用，让对方认识到“她这么爱我，我却做了这么对不起她的事情”。这样就达到了最终目的。

此外，发现自己的恋人出轨时，不能把责任都推到对方身上，也要从自己身上找问题。对女性而言，为了防止男朋友出轨，要不断让自己成长。即使青春的容颜不易留住，至少也要保持一颗温柔的心，并不断给对方带来新鲜感，这样才不至于让男朋友对自己失去兴趣。

NG
大吵大闹太丢面子了，他一定会回心转意的。
哼，这么好对付啊！

OK
小白，我真的很喜欢你。你要离我而去，我会非常难过！
她这么爱我，我不能对不起她。

精神出轨与身体出轨，哪个更难接受？

一个词“出轨”可能有多种解释，一夜情类型的纯肉体关系、充满激情和刺激的情人关系、长期藕断丝连的男女关系等都在此范围内。如果自己的另一半出轨了，当事人可能根据情况的不同，出现不同程度的嫉妒反应。然而，哪种出轨行为是最不可原谅的呢？男女对此的认识存在很大差异。

心理学家曾针对“如果自己的恋人出轨了，你认为哪种行为是最不可饶恕的”作过调查。结果，女性大多回答：“爱上别人并与之建立相互信任的亲密关系”，而男性多数认为“恋人与除自己以外的异性发生充满激情的性关系”最不可饶恕。因此可以说，**女性最不能容忍精神上的出轨，而男性最不能接受肉体上的出轨，这会让他们抓狂。**

这种男女认识上的差别可以用物种延续的进化理论进行解释。“性”直接关系到怀孕。女性怀孕时，无论男方是谁，孩子肯定是自己的。然而，男性很难确认伴侣肚子里怀的是否是自己的孩子。因此，出于本能，女性担心的是失去抚养孩子的人，而男性担心的是抚养了不是自己亲生的孩子。可以说，嫉妒心与本能是紧密相接的。

其实，男性不能容忍另一半身体出轨的原因还不止于此。男性出于本能希望与更多的女性发生性关系，以留下更多子孙。当男性意识到这一点后，会更加惶恐不安。因为天下男性都与自己一样，在性方面不愿守什么“贞操”。这样一来，自己的伴侣也有可能成为其他男性的“猎物”。因此，大多数男性一辈子都会感到不安或恐惧，甚至是愤怒。

另一方面，对女性而言，如果丈夫爱上了其他女性，就意味着稳定的婚姻生活即将土崩瓦解。然而，女性在怀孕、生产和育儿的过程中都需要得到丈夫的“大力协助”。如果别的女人抢走了自己的丈夫，那么妻子就有可能面临独自养育孩子的困境。这也是不少女性可以原谅丈夫身体出轨的原因。

绝不允许恋人与自己以外的男性发生性关系！
无法饶恕身体出轨
不能接受恋人喜欢上别人并与之建立互相信任的亲密关系！
无法饶恕精神出轨

容易出轨的人与容易遭到背叛的人

“出轨”并不是所有人都会做的事情。有的人一心一意只爱一个人，有的人则出轨成性。还有的人同时脚踏好几只船，即使“多角恋情”败露也不思悔改。

其实，**容易出轨的人往往是“最爱自己”的自恋型人。**这类人伤害别人后，哪怕是深爱自己的恋人，不论对方多么悲伤，他们照样我行我素。因为在他们看来，自己是“特殊的存在”，不论做什么都是应该的。

正是因为做什么伤害感情的事都不会产生罪恶感，这类人才会一再出轨。不过，这种自恋型的人往往在异性眼里充满魅力，这也为他们出轨创造了更多的机会。

反过来看，**什么人最容易被劈腿、被抛弃呢？**答案就是：**情绪不稳定的人。**这类人前一分钟心情还好好的，下一秒就突然陷入低落的情绪中无法自拔，就连周围的气氛也被弄得很低沉。与这类人交往，精神上会备感疲惫，两个人在一起都是一种痛苦。时间一久，对方会因为厌倦而弃他（她）不顾，另寻情绪稳定和能带给自己快乐的对象。

此外，有一类人看起来非常稳重，而且心胸宽广。然而，这类人也容易遭到背叛。他们不善于观察周围人的心理活动，容易被人小看，常被恋人认为“反正做什么他（她）都不会知道”。所以，如果你恰好属于这类人，要适时表现出自己强硬的一面，警告对方“你要是敢出轨，我决饶不了你”。

最爱自己啦！
自恋
容易出轨
情绪不稳定
容易遭到背叛

恰当陈述自己的不满

当两个人终于走到一起开始交往时，会觉得对方哪里都好，简直完美无缺。

可是，无论多么甜蜜恩爱的情侣，时间一久肯定会出现这样那样的不满和矛盾。此时，处理方法不同，结果也会不同。有的情侣可能会因此陷入分手危机，而有的情侣会由此进一步加深感情。

当两个人意见不一、气氛不友好时，其实恰好是了解对方的好机会。了解了对方平时不为人知的一面，反而更能加深两个人之间的感情。可是，因为争执导致双方矛盾加深，并升级为吵架、最后谁都不理谁的情况也很多见。深层次的原因也许是，**两个人越是相爱，就越想“同化”对方，希望对方能够完全理解自己，**或者想法能和自己全部一致。

然而，这个时候很多人都不知道该如何表达自己的不满。有些人会由于愤怒讽刺挖苦恋人，甚至进行语言上的人身攻击等。其实，这么做只不过是想给自己找一个情绪发泄的途径。

如果你真的希望恋人能够理解自己，就应该告诉他（她）自己到底不满在哪里，自己的真实想法又是什么样的。即使表达不好，至少要用真诚的态度来交流。在这个过程中，要注意不能总是否定对方的想法。

吵架也有规则

恋人间的抱怨如果处理不好，就会演变为一场针锋相对的唇枪舌剑。这个时候，要保持理智。先不要急于为自己辩解，而是认可对方的抱怨非常重要。这样一来，两个人之间的对话既不会复杂化，还能避免不必要的争吵。而且，不管自己多么愤怒，都不要忘记尊重对方。千万不要被怒火冲昏头脑，伤害对方的感情。

自己真正
不满的地方
自己的
真实想法
你就是
不对！

家庭暴力男的特点

夫妻之间发生的暴力行为被称为“家庭暴力”（domestic violence，缩写为DV），它已经日益演变为一个严重的社会问题。家庭暴力不仅包括殴打、捆绑、禁闭等身体上的伤害，还包括精神上和性方面的摧残和威胁。比如，破口大骂对方，想尽办法伤害对方的人格，故意损坏对方珍惜的物品，以及持续监视对方等。

近些年来，恋人之间的暴力行为呈逐渐增多的趋势。2005年，日本内阁关于“恋人之间暴力情况”的调查显示，女性遭受家庭暴力的比例为13.5%，其中情况最为严重的为20～30岁这个年龄段，比例高达22.8%。现在，随着谈恋爱的年龄呈现下降的趋势，受害者的比例也在增多，未婚男女间的暴力行为逐年增多。

那么，家庭暴力男有什么典型的特点呢？答案就是**有着非常强烈又极其幼稚的占有欲。**他们既不允许恋人或妻子与自己以外的异性说话，也不能容忍对方做任何自己无法完全掌控的事情。美国的家庭暴力调查也得出类似的结论，即占有欲超强的男性都有严重的暴力倾向。

这类男性在刚刚接触异性时，都表现得很温和，以致后来女性被频频过问自己的行踪时，还不以为然。其实，此时男性的嫉妒心已经升级为一种占有欲和控制欲，对女性会进行更多的束缚和限制。然而，有很多女性甜蜜地认为对方是因为爱自己才会有这样的行为。当这种因嫉妒产生的占有欲和控制欲超过了一定的度，最后就会演变为家庭暴力。

因此，与恋人相处时，一定要注意对方的嫉妒是否属于正常范围，以防自己成为家庭暴力的受害者。

绝不允许另一半与自己以外的异性说话，
无法容忍对方做任何自己无法完全掌控的事情

短信与电话带来的烦恼

手机的广泛普及，给恋爱带来了很多便利之处。通过电话、短信很快就可以传达自己的爱意，两个人之间的随时沟通也变得轻而易举。

可是，如果恋爱双方对此持不同看法，手机反倒会在两个人之间成为一道隔阂。比如，一方认为以短信的方式告知对方非常重要的消息，并无什么不妥。然而，另一方坚持短信不过是传达一般信息的方式，重要的信息应该面对面沟通。正是因为这种认识上的差异性，双方在短信的字数和发送的次数上都有不同，慢慢就形成了隔阂。

比如，一方发送了类似于“今天天气真好啊”“你做什么呢”“我发现一家不错的店，下次一起去吧”的短信，另一方看后认为没有必要回复就置之不理，或者仅仅回复“哦”“知道了”之类不痛不痒的话。其实，这么做会伤害对方的感情。因为在对方看来，这样的行为无异于拒绝交流，进而会理解为是在拒绝他（她）本人。再严重一点，对方还会引申到这个人没有认真对待彼此之间的感情，并且有可能背叛他（她）。

然而，不太在意短信交流的一方，可能在想：“干吗总发这种无聊的短信？”正是出于这样的想法，他们回短信的次数很少。可是，这并不代表他们不在乎这段感情，而是他们并不擅长用这样的方式来沟通感情。面对对方的“责难”，他们真是满肚子委屈。

如果恋人之间经常因为短信引起矛盾和争执，慢慢就会使爱情降温。希望正在恋爱的人们能够认真读懂短信背后的含义，不让心灵产生隔阂。

今天天气
真好！
是啊！
今天都干
什么了？
睡觉了。
发现了一家
很不错的商
店，下次一
起去吧！
知道
了。
回的好短啊！
完全不在乎我
啊！
为什么总发
这种无聊的
短信啊？

昨天失恋，今天就开始新的恋情！

经历了痛苦的失恋后，人会在一定程度上对爱情产生恐惧心理。而且，每每想起分手时对方的绝情，以及毫不留情给出的分手理由，都会再次深深刺痛自己的心。因此失恋时，人的自尊心会很受挫，常常妄自菲薄，认为自己一无是处。

正是因为这个原因，有的人会暗自下决心“再也不想经历这样难过的事情”“再也不要喜欢上谁了”，于是开始抗拒爱情。这样的心理，谁都可以理解。然而，**失恋的时候恰恰是新的恋爱开始的绝好机会。**

人们在自我评价较低时，会认为周围的人都比自己优秀。而且，越是失落的时候,越觉得别人过得比自己好。刚刚失恋的人恰好就处于这样一种心理状态。因为自我评价降低，对过去从不在意的人也有可能会慢慢产生好感。根据心理学中的“自尊理论”，自我评价低的单身男女更容易谈恋爱。此外，失恋后那种迫切地想摆脱孤独和痛苦的愿望，也会让人产生强烈的亲和需求。

照此分析，爱上一个人的瞬间，很多都发生在刚刚失恋时。那么，与其封闭自我，陷在过去的阴影中不能自拔，不如寻找机会开始新的恋情。而对于有暗恋对象的人，如果他（她）刚好与恋人分手，那正是你最好的追求机会。这个时候，你要做的就是夸奖对方，提高他（她）的自我评价。等他（她）逐渐恢复自信，就会让内心的伤口慢慢愈合。而在这个过程中，你也能博得他（她）的好感。

我真是个
笨猫！
我再也不要这么难
过了，我再也不会
喜欢上别的猫了。
周围的人都
比我优秀。
好希望有
个人能陪
陪我啊。

恋爱心理术小结⑥

★恋爱中的两个人是通过“情人眼”来看对方的，无法保证判断客观正确。

★颧骨附近的肌肉以及皱眉肌会泄露恋爱的危机。

★男性在做爱前后常有截然不同的态度，女性则一旦建立亲密的关系就想稳定地发展下去。

★男性常把“性”的因素加入对女性行为的理解中，女性则很难认同。

★要使双方的感情自然而持久，需要保持公平、平衡的恋爱关系。

★嫉妒是爱的晴雨表。爱情中嫉妒心比较强的情侣，结婚的概率也很高。

★女性最不能容忍精神上的出轨，而男性最不能接受肉体上的出轨。

★“最爱自己”的自恋型人最有可能出轨，情绪不稳定的人最容易被劈腿。

★家庭暴力男的典型特点是：有着非常强烈又极其幼稚的占有欲。

第7章

恋爱心理大测验

你对他（她）的爱有多深？恋爱的症结在哪里？理想的结婚人选会是谁？遭遇第三者时，你的应对方案是什么？假如不小心变成第三者，你又计划如何夺回心爱的人？……本章深入你的潜意识，给出意想不到的答案。

1

盘子中的粉末是什么？

你坐在椅子上，面前的桌子上有一个盘子，盘子中放有白色的粉末。你认为这白色的粉末会是什么？

毒品

盐

土豆粉

砂糖

现在你最在意的是恋人，还是另有其人？

白色是一种不可思议的颜色，纯净到可以在上面涂抹任何色彩。因此，白色可以反映出一个人最真实的情感。

此时此刻，坐在椅子上的你心里想的应该是自己最在乎的事情。而由白色粉末推测出的是你现在最在乎的人。恋人们都希望对方每天都把自己放在心上，但从脑平衡的角度来讲，这是不太可能的。

回答“盐”的人：最在意“竞争对手”

你现在最在意的是职场或学校里的竞争对手。盐给人的感觉不是那么甜蜜，会让人联想到竞争对手。

回答“砂糖”的人：最在意“恋人”

文如其意，如砂糖般甜蜜的人当然就是恋人了。你现在的生活以恋人为中心，工作或学习都有些马马虎虎。

回答“毒品”的人：最在意“工作伙伴”

沉浸于快感之中，好像还中毒了。这种状态代表的是“工作伙伴”。越是掌握权力、越有社会地位的人，越会沉浸在“毒品”中不能自拔。

回答“土豆粉”的人：最在意“家人”

烹调中可用来增加黏稠度的土豆粉，象征着紧密的人际关系。由此看来，你是一个总把家庭放在第一位的人。

2

突然变成万人迷的理由

假如有一天你突然变成了万人迷，那么理由可能是什么？即使你觉得这个问题问得很离谱，现实生活中也几乎不可能发生。没有关系，请尽量发挥你的想象力。

你的恋爱症结在哪里?

你一定听过伊索寓言里“吃不到葡萄说葡萄酸”的故事吧。一只狐狸想吃树上的葡萄，但想尽办法也没有够到，于是只能安慰自己：“那个葡萄一定很酸，吃不到就算了。”这只狐狸的心理就是自我安慰的合理化，是一种得不到想要的东西时就编个其他理由来安慰自己的心理活动。实际上，狐狸是在找借口回避失败和伤害。

其实，这个测试的目的是为了找出一个人不会积极谈恋爱的原因。迄今为止，你有过放弃告白的经历吗？因为“那个人一定心有所属”“距离太远不适合恋爱”等理由，你就放弃追求吗？而**这些放弃的理由，正是你的恋爱症结所在**，答案就藏在你刚才的回答中。

你会和爱慕的对象去哪里兜风？

本题只限女性回答。

现在，请在脑海中设想一下你爱慕的男性在夜里开车带你出去兜风，而你就坐在他的副驾驶位置上。兜风的中途，你因为太困了就不知不觉睡着了，等到突然醒来睁开眼睛时，你觉得你会在哪里？

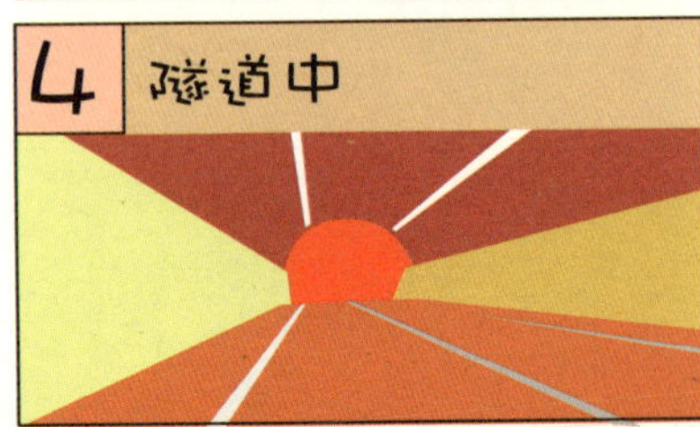

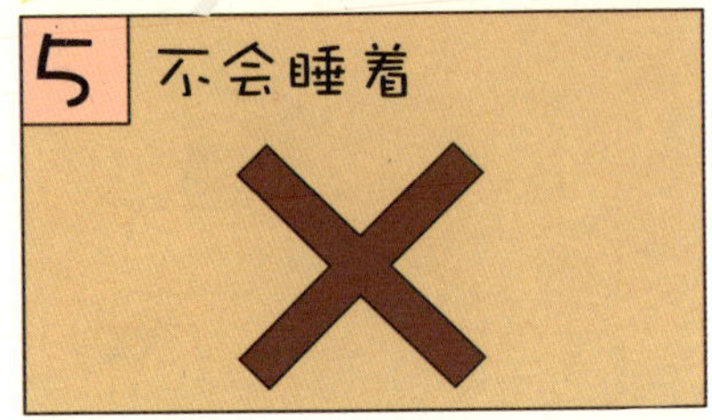

你对对方的感情有多深?

从你幻想的会和爱慕的人在哪条路上兜风，可以看出你对对方感情有多深。

选择 1

对你来说，他是可以畅所欲言的知己。在令人惴惴不安的森林小路，需要的是一个可以互相依靠的人。因此，今后他很有可能发展成你的恋人。

选择 2

他是你无话不谈的好朋友。两个人之间互相信赖，可以交流秘密。

选择 3

你有点儿喜欢他。不过，可能是因为浪漫的情调才会喜欢，也许你还另有所爱。

选择 4

你知道对方的爱意，但是自己还很难作出决定。这与人身处隧道时的心情非常相像。

选择 5

你非常迷恋他，想向他表示爱意。或者，你不会睡着是因为完全不信任他。相反，“睡着”说明你能够全心全意地相信他。

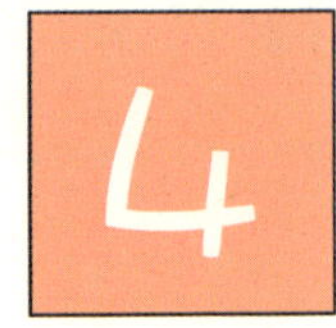

哪块是含毒的点心？

有五块不同形状的点心，其中有一块有毒。你现在特别饿，只能选择一块吃。那么，你会选择哪块呢？还有，你认为哪块点心有毒？

点心的形状代表你理想的结婚人选

这个测试是测验你仅凭视觉信息来判断信赖对方的程度。现在就揭晓答案：

“想吃的形状”是你理想的结婚人选。

“有毒的形状”是最不适合你的结婚人选。

仅凭视觉信息来作判断会让人非常紧张。这和选择人生伴侣时的谨慎态度很相似。题目中的五种选择，哪一种能给你带来安全感，哪一种又会给你带来危险呢？每个人的回答会不同，从中我们可以看出一个人特有的选择方式。

其实，每种形状都代表了不同的异性类型：

圆形：既体贴可靠，又脾气温和的人。

三角形：知性、判断力强、触觉敏锐的人。

正方形：认真固执的人。这类人为人诚恳，但不善于融会贯通。

五角星：漂亮惹眼的人，是异性眼中的焦点。

月亮：温和稳重又谨小慎微的人。这类人有一点儿美中不足。

5

发现蟑螂时，你会怎么办？

眼前突然冒出一只讨厌的蟑螂，你会用哪种方式消灭它？

如何对待眼中钉?

对大多数人来说，蟑螂绝对是讨人厌的东西。如果眼前突然出现一只，你肯定无法容忍它的存在，要想方设法消灭它。这种感情和对待情敌的态度有相似之处。因此，从如何消灭自己讨厌的东西，可以看出你对待情敌的态度。

选择 1

用最直接的办法搞定，即与情敌面对面交锋。如果一次没能顺利解决，你会再次找情敌继续声讨。

选择 2

用伤害对方的方式来解心头之恨。使用这个方法让人感觉像是“刺杀”情敌一样。因为一时冲动，你可能会连背叛自己的恋人也想一起赶尽杀绝。

选择 3

使用诱饵来除掉眼中钉的你，往往认为金钱可以解决一切问题。在你看来，只要满足了对方的金钱需要，就能按计划解决爱情中的问题。

选择 4

不直接下手，而是采用舆论施压，让对方喘不过气来。你可能会造谣中伤情敌，编一些流言飞语散播出去，让对方难堪。

选择 5

直接表现出来，寻求帮助。你可能会直接劝说恋人不要去找情敌，而且还会和关系好的朋友商量解决问题的方法。

6 从帮助朋友的方式看你的恋情

A遇到了麻烦事，去找B~F五位朋友诉苦。你最赞同以下这五个人中哪个人的做法？

从帮助朋友的方式可以看出你的恋爱和性爱模式

恋人往往是我们烦恼时倾诉的对象。在诉苦的时候，我们希望恋人采取的态度就是我们想要的恋爱和性爱方式。

选择 B

喜欢温柔体贴、有奉献精神并能够照顾你的类型。母亲和心理医师是理想的选择。在性爱中，你是被动接受的一方。

选择 C

喜欢能够作出准确判断的类型，老师或是有领导风范的人是你的理想人选。约会时，你喜欢参加各种活动，参观名胜古迹，或者做些有意义的事情。性爱方式是参看“性爱指导手册”的类型。

选择 D

喜欢漂亮、有行动力的类型。不论约会还是性爱，你都会花上一番心思，而且每次一定要尽兴为止。也喜欢在这些方面和你志同道合的人。

选择 E

认为患难见真情，所以喜欢有波折的爱情。无论约会还是性爱，你都会不慌不忙花上不少时间。

选择 F

讨厌被束缚的爱情。希望对方可以随时保护自己，但又要保持一定距离。从不会依赖对方，约会和性爱都是短时间就匆匆了事的无欲无求之人。

狩猎的目标是什么？

罗马神话中的狩猎之神狄安娜来到了森林中，她会猎取什么呢？

如何处理三角关系

狄安娜是罗马神话中代表贞操和狩猎的月亮女神。“狩猎”的目的是获取猎物，这个测验的结果可以反映出我们追求的事物。那么，你是不捕获到自己想要的猎物就绝不罢休呢，还是捕获到容易捕捉的猎物就心满意足呢？由此可以体现出我们面对三角关系时的态度。

选择 1

狮子是百兽之王。打算捕捉狮子的人一定是攻击性较强、性格火暴的人。遇到情敌时，这类人肯定会先发制人。

选择 2

不喜欢不顾一切地争夺异性。为了不陷入三角恋的泥潭，这类人会尽早全身而退。

选择 3

说到“打猎”，就会先想到追求异性。选择“美少年”做猎物的人，在恋爱中热情奔放，眼中只有心爱的恋人，完全意识不到情敌的存在。

选择 4

爱上爱情的人。从不考虑自己是否陷入了三角恋的泥潭中，坚信对方最后肯定会选择自己。

危急时刻，你选择乔装改扮成谁？

你一个人在深山中探险，突然眼前出现一伙持枪男子包围了你。因为语言不通，你陷入了危机。那么，你打算乔装改扮成什么样子来脱离险境呢？下面哪个是你的首选？

如果不小心当了第三者，你打算如何夺回心爱的人呢？

当你陷入危及生命的困境中时，周围没有朋友帮你，是你一个人的战斗。你会怎么办？

这个状况和当第三者的心理状态非常相似。自己深爱的人有另一半，对他（她）来说自己也许无足轻重。周围的人也都谴责自己，没有人替自己着想。可是，作为第三者说什么都不想轻易放手。这种情况下，还不如依靠自己的力量把心爱的人抢过来。

选择 1

希望用金钱来俘获对方的心，比如送对方昂贵的礼物。假如用金钱就能让对方答应离婚，不管多少你都会同意。

选择 2

搞笑艺人代表的意思是“献身”，即用全心全意的爱来赢得对方的真心。你坚信用胜过所有人的温柔，一定可以融化对方的心。

选择 3

身体就是你的“武器”。你会利用性感诱惑或无微不至的照顾来俘获对方，就像仆人一样照顾对方，对对方百依百顺。你相信只要一切都替对方着想，就会成功上位。

选择 4

幻想是只要站在那里就能拥有神力的神仙。认为自己能扮演神仙的人，都是对自己的魅力十分自信的人。这类人相信即使不用任何手段，对方肯定也会被自己的魅力所吸引。

在许愿池前，你第一眼会看到什么？

你来到传说中的许愿池，听说在这儿许下的任何愿望都能实现。你觉得自己在许愿池前，第一眼看到的会是什么？

你对异性的吸引力有几分?

许多人都想成为异性的强力磁铁，让自己拥有致命吸引力。以下的心理测验，即透过你潜意识中的欲望，测出你对异性致命吸引力的指数。

选择 1

致命指数 40 分

你压根儿就没想过吸引力这玩意儿。喜欢爱人甚于被爱，总是化被动为主动，追求更有吸引力的人。而且，你只专注于眼前的目标，不会特意修饰自己。

选择 2

致命指数 99 分

你不自觉地就会引起异性的注意，对自己的外貌和魅力更是颇具信心，更懂得在适当的时机放电。经过你身边的人，很少有不回头多看你几眼的。

选择 3

致命指数 60 分

你看起来有点冷峻孤傲，习惯于等待，不容许自己主动向人示好。就像沉静优雅的粉荷，相信有识者才能了解你的优点，但也偏偏就是有人会疯狂爱上你这一点。

选择 4

致命指数 30 分

你的心情十分矛盾，因不确定别人如何看待自己，所以显得有些保守畏缩。另一方面，又认为没人欣赏你的好，于是将自卑情绪转为自恋自满的防卫机制。

喝咖啡时，你拿咖啡杯的方式是什么样的？

1. 一手拿着杯子，一手托着盘子。
2. 三根手指握住把手。
3. 两根手指握住把手，另两根手指展开扶住杯身。
4. 两根手指握住把手，小指张开。
5. 整个手掌握住杯身。

握咖啡杯的方式测试你的恋爱观

选择 1

你是很认真的人，抱着恋爱就等于结婚的想法。

选择 2

你会依照自己的喜好去找心爱的人，参考但不遵循父母亲朋的意见。

选择 3

你是一个为恋爱而恋爱的人，浪漫至极。

选择 4

你是一个自尊心很强的人，喜欢刺激的恋爱。

选择 5

你看起来能在恋爱中迁就对方，但实际上作决定时往往很自我。

11

路上多少钱，你会抛开面子，弯腰去捡？

走在路上，你突然看见地上有钱，但发现路上还有三、四个路人，要弯腰下去捡有点不好意思。这时，你觉得路上至少是多少钱，你会弯腰去捡呢？

1. 10元以下(包括10元)
2. 10元到100元
3. 100元到5000元
4. 5000元以上

捡钱测你何时会结婚

选择 1

你一点儿也不在乎别人怎么说、怎么想、怎么看，完全只相信自己的感觉和判断。这样的你，一旦爱上了，心里认定了他（她），很快就会跳入婚姻中。你算是早婚型的，可能在二十出头就结婚了。

选择 2

你是一个很踏实的人，你的眼光不会很高，也不会存有像“麻雀变凤凰”之类的幻想。这样的你，大概会在 20 ~ 25 岁之间结婚。

选择 3

你很有自己的想法，但很在乎世俗的眼光。这样的你，对很多事情常常抱有大家开心就好的态度。遇到的对象还不错就行了，不会要求太多。你结婚的年龄大约在 25 ~ 30 岁之间。

选择 4

你的眼光很高，或者说你宁缺毋滥，一定要找到一个和自己各方面都契合的对象，才会考虑结婚。这样的你要结婚，可能会在 30 ~ 35 岁之间，属于晚婚型。

选择 5

你是一个非常忠于自己的人，绝对不会因为外在因素而破坏自己的原则。这样的你很可能会晚婚，当然你也有可能会当个永远快乐的单身贵族。

《每天懂一点·色彩心理学》

作者畅销新作

“每天懂一点”

轻悦读书系④

拒绝乏味、拒绝没营养

最快培养潮人眼光的创意说明书

全是生动诙谐的小例子，只看漫画也一样学得会！

陕西师范大学出版社 荣誉出品 北京博集天卷图书发行有限公司策划